Bruno Erhard

WÜRZBURG

gestern und heute

Eine Gegenüberstellung

Wartberg Verlag

Literaturverzeichnis:

Thomas Memminger, Würzburgs Straßen und Bauten, Würzburg 1911
J. B. Kittel, Würzburg, ein kulturhistorisches Städtebild, Würzburg 1926
Otto Hübner, Würzburg, München 1949
Josef Friedrich Abert, Kleinod du in Frankenlanden, Würzburg 1952
Max H. von Freeden, Würzburg – Amtlicher Führer, Würzburg 1959
Bruno Rottenbach, Würzburger Straßennamen Band I, Würzburg ca. 1967
Bruno Rottenbach, Würzburger Straßennamen Band II, Würzburg 1969
Heiner Reitberger, Das alte Würzburg, Würzburg 1977
Helmut Michler, Würzburg in Sagen, Gedichten und Berichten, Würzburg 1978
Alfred Wendehorst, Würzburg – Geschichte in Bilddokumenten, München 1981
Peter Moser, Würzburg – Geschichte einer Stadt, Bamberg 1999

Fotonachweis: Sämtliche historische Ansichtspostkarten und Farbfotos stammen aus der Privatsammlung von Bruno Erhard, Würzburg.

1. Auflage 2003

Druck: Bernecker, Melsungen
Buchbinderische Verarbeitung: Büge, Celle

34281 Gudensberg-Gleichen • Im Wiesental 1
Tel. 0 56 03/9 30 50 • www.wartberg-verlag.de
ISBN: 3-8313-1146-3

VORWORT

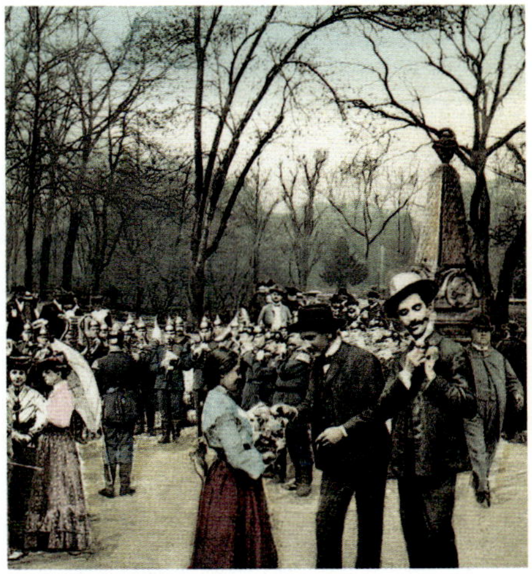

Im Jahre 2004 wird die Frankenweinstadt Würzburg 1300 Jahre alt. Persönlichkeiten wie Tilmann Riemenschneider, Balthasar Neumann oder Wilhelm Conrad Röntgen haben die Geschichte der Stadt geprägt. Käppele, Festung, alte Mainbrücke und Residenz sind die bekanntesten Wahrzeichen Würzburgs. In den letzten Tagen des Zweiten Weltkriegs, am 16. März 1945, wurden Jahrhunderte der Geschichte in 20 Minuten zerstört. Flugzeuge warfen beim Luftangriff Stabbrandbomben, Phosphorkanister und Sprengbomben auf die Stadt. Die Stadt war so schwer getroffen, dass ein Wiederaufbau fast unmöglich erschien. Das zerbombte Würzburg sollte als Mahnmal erhalten bleiben. Man plante eine Verlegung und Neuansiedlung an einem anderen Ort. Der Lebenswille und die Verbundenheit zu ihrem Würzburg bewegte die Bevölkerung in mühsamer Kleinarbeit zum Wiederaufbau. Aus dem zerstörten Würzburg wurde eine moderne Europastadt, in der Historisches und Modernes sehr eng beieinander liegen.

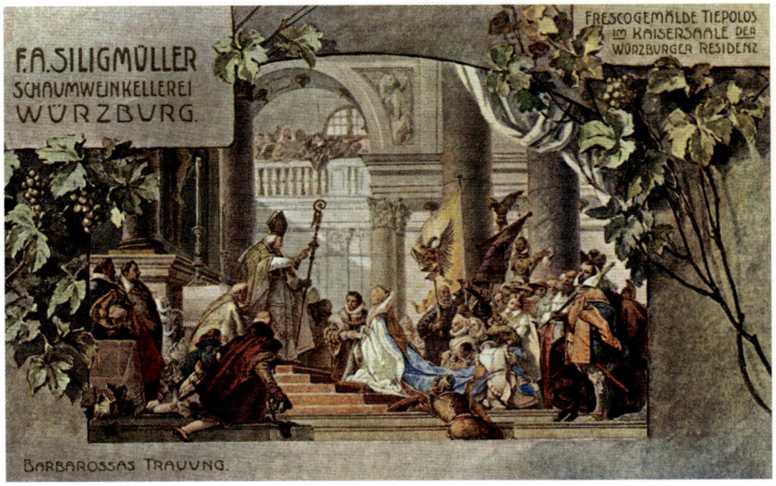

Dieses Buch zeigt das Stadtbild um 1900 auf historischen Ansichtspostkarten im Vergleich mit aktuellen Farbaufnahmen des heutigen Erscheinungsbildes. Der Leser hat die Möglichkeit, eine fotografische Zeitreise durch Würzburg zu erleben. Die Anreihung der Seitenthemen und Straßennamen zueinander ermöglicht einen Stadtrundgang, um sich selbst ein Bild vom Wiederaufbau und den Highlights der Stadtgeschichte zu machen.

Bruno Erhard

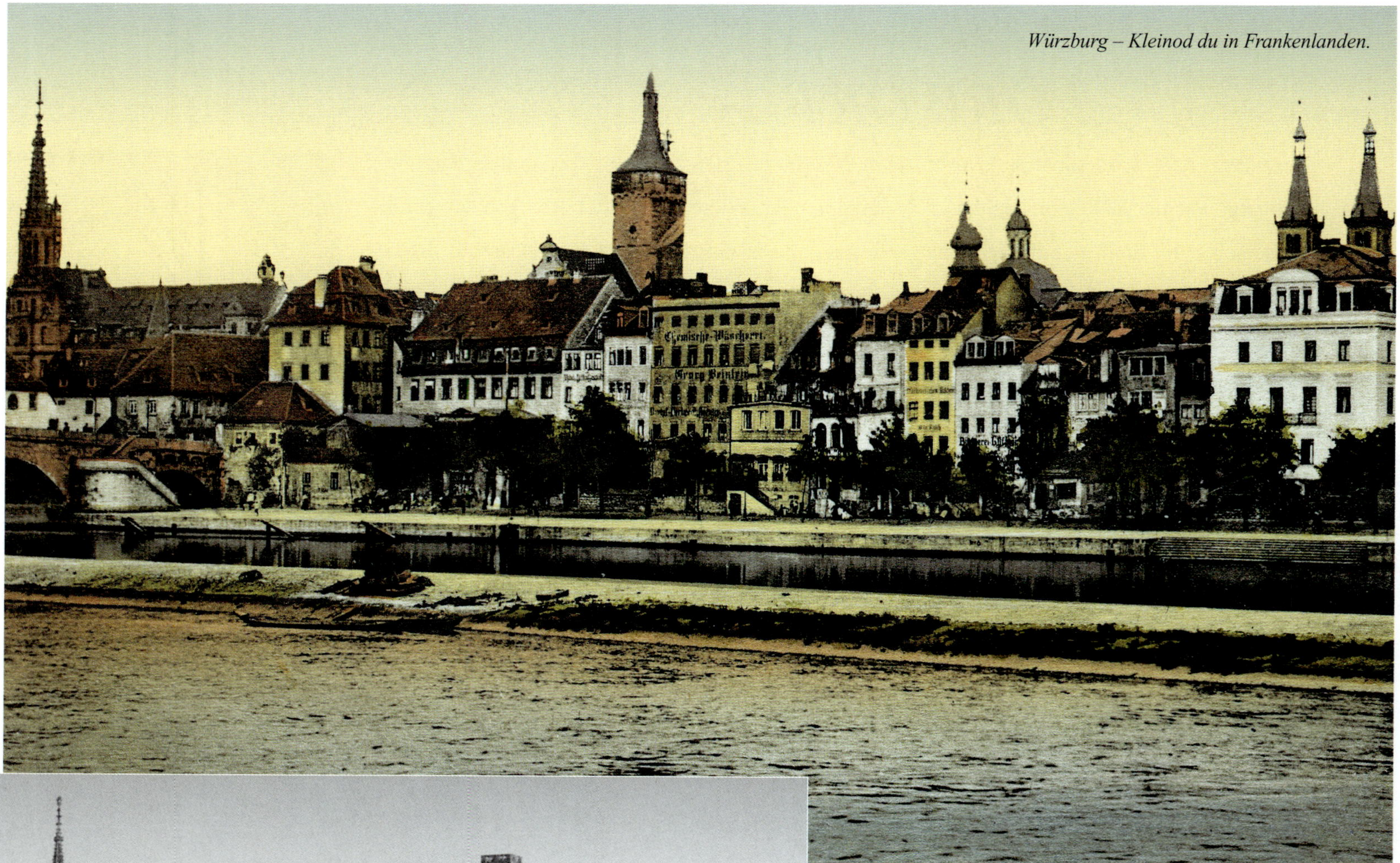

Würzburg – Kleinod du in Frankenlanden.

Würzburger Stadtgeschichte

1800	Hochfürstliche Residenzstadt Würzburg Einwohnerzahl 20 120
1900	Königliche bayerische Kreishauptstadt Einwohnerzahl 75 000
1945	Ruinenstadt nach der Kriegszerstörung vom 16. März 1945 Einwohnerzahl ca. 5000
2002	Universitätsstadt, Regierungshauptstadt Unterfranken Einwohnerzahl 126 934

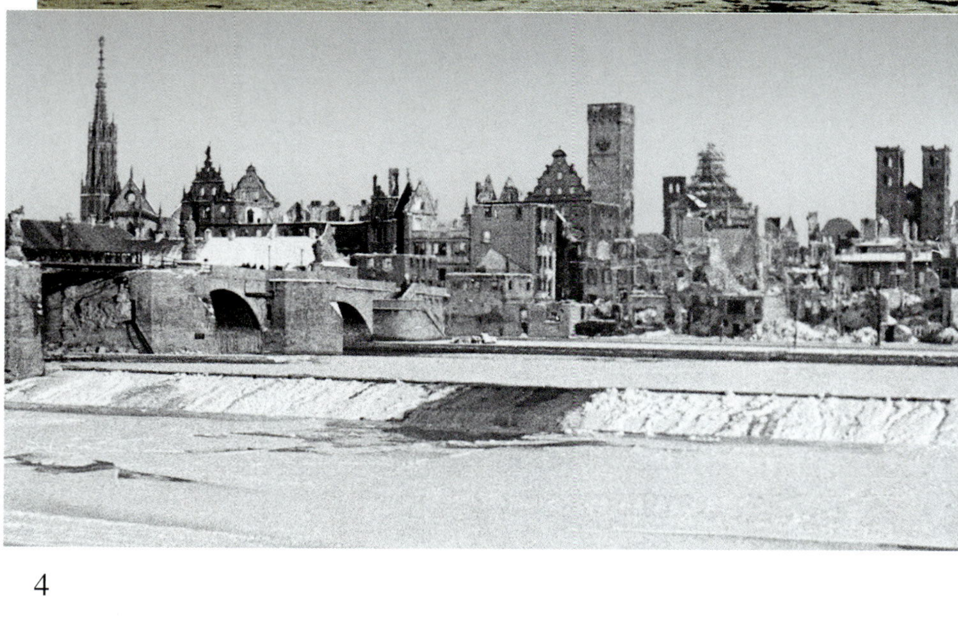

16. März 1945 – das Grab am Main

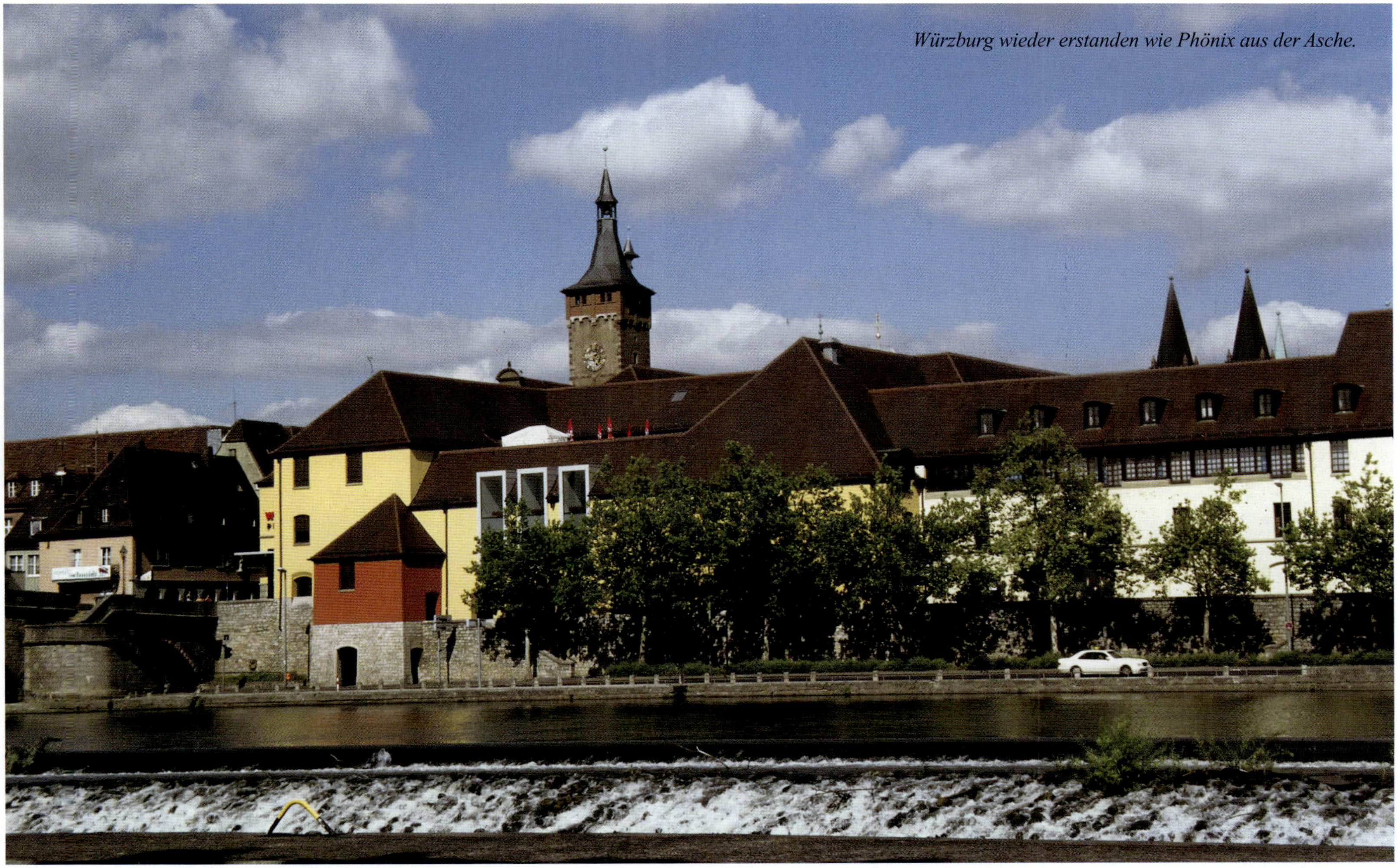

Würzburg wieder erstanden wie Phönix aus der Asche.

Würzburger Stadtgeschichte ab 1945

16.03.1945	Beim Luftangriff auf Würzburg wurde die Stadt zu 90 Prozent zerstört.
21.02.1946	Einsturz des Domlanghauses.
1948	Aufbau des Rathauskomplexes in der Karmelitenstraße.
1954	Bau des neuen Bahnhofs.
1964	Abschluss der Trümmerräumarbeiten aus dem Zweiten Weltkrieg.
05.12.1966	Eröffnung des neuen Stadttheaters.
06.05.1967	Altarweihe im wieder erstandenen Dom.
1969	Bau der Konrad-Adenauer-Brücke.
1975–1979	Wiederaufbau der Barockhäuser in der Naubaustraße.
1979	Bau eines Warenhauses auf dem oberen Mainkai, dem ehemaligen Schwanengelände.
1982	400-Jahr-Feier der Universität.
1985	Eröffnung des Congress Centrums (CCW).
1986	Fertigstellung des Ratssaales im Rathaus mit Wandgemälden von Wolfgang Lenz.
1987	Abschluss der Wiederherstellung des zerstörten Spiegelkabinetts der Residenz.
1990	Bayerische Landesgartenschau.
1990	Eröffnung des ehemaligen Zollhauses am alten Kranen als Haus des Frankenweins.
1991	Eröffnung der ersten ICE-Hochgeschwindigkeitsstrecke Würzburg–Hannover.
1992	Einweihung der Brücke der Deutschen Einheit.
2002	Eröffnung des Museums im Kulturspeicher.
2003	Renovierung des Kilianshauses mit der Eröffnung des Museums am Dom.

Neben dem Straßenzug rechts im Bild befindet sich das Haugerglacis.

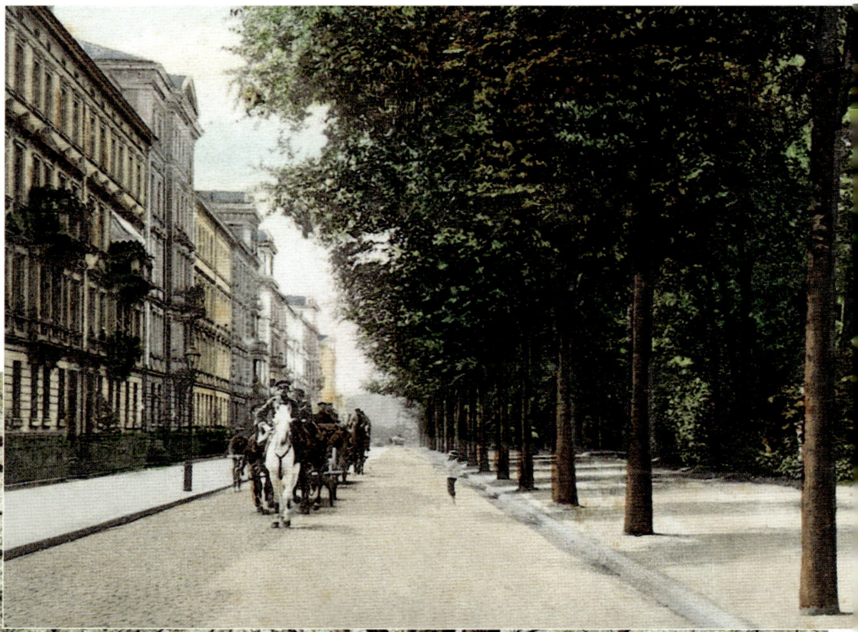

Der Haugerring in Richtung Kaiserplatz.

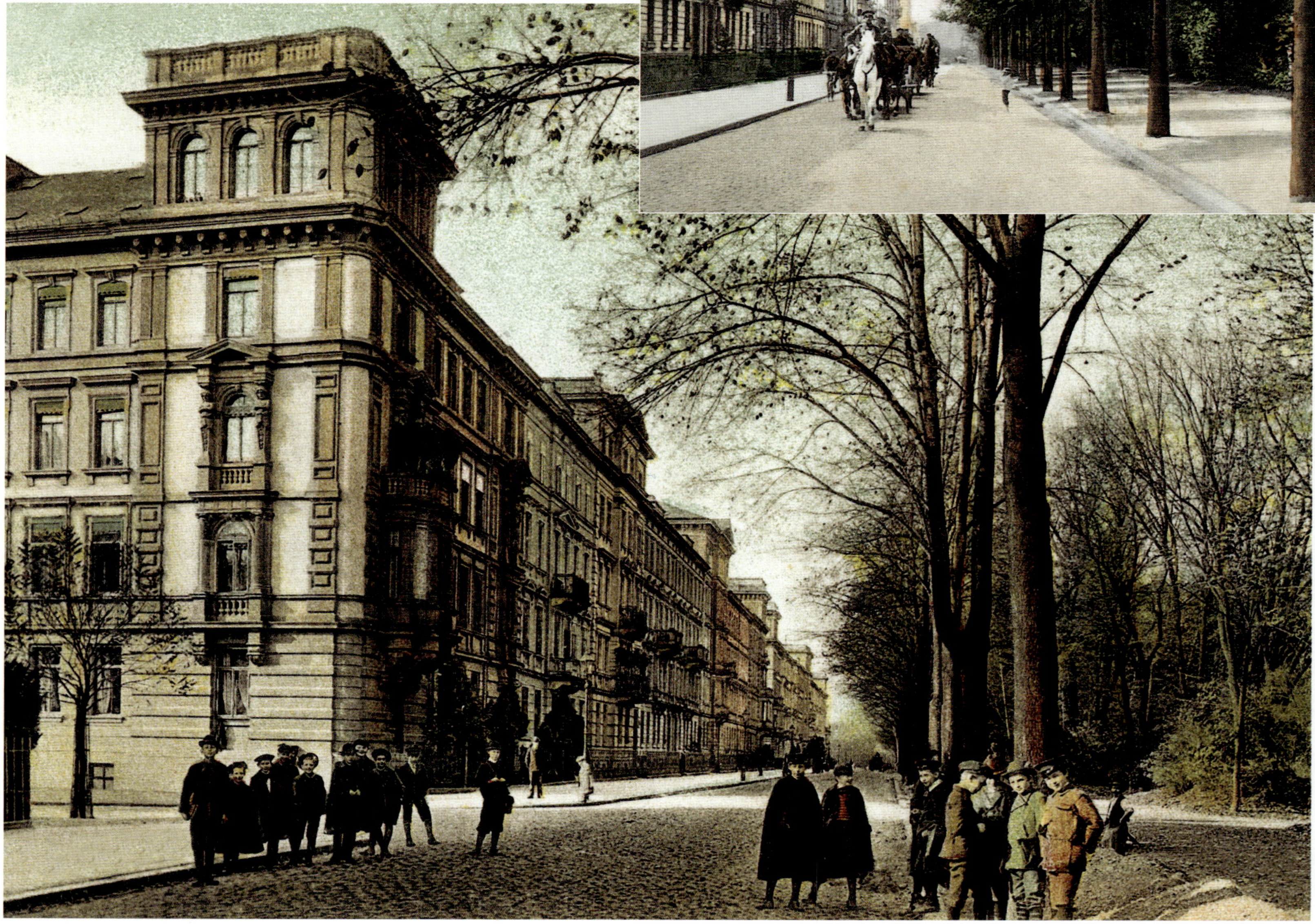

Haugerring

Der Haugerring ist Verbindungsstraße vom Berliner Ring zum Kaiserplatz. Der Name wird vom altdeutschen Wort „Hug“ abgeleitet und bedeutet so viel wie Hügel, Anhöhe, Berg. Die Anhöhe wurde im früheren Sprachgebrauch auch Haugberg genannt. In den Gebäuden Nr. 9 befinden sich heute renovierte Häuser des alten Stils. Im Haus Nr. 5 wurde Carl Diem, Förderer des deutschen und olympischen Sports, geboren.

Der Haugerring ist heute eine nüchtern wirkende Verkehrsstraße mit einseitig bebauten Häuserblocks. An der Straße in Richtung Kaiserplatz rechts gelegen, befindet sich das Haugerglacis, ein Teil des Ringparks, das wie ein grüner Gürtel um die Stadt führt. Die Verlängerung des Haugerring führt über den Kaiserplatz zum Röntgenring. Im Haus Nr. 8 entdeckte 1895 Konrad Röntgen die nach ihm benannten X-Strahlen.

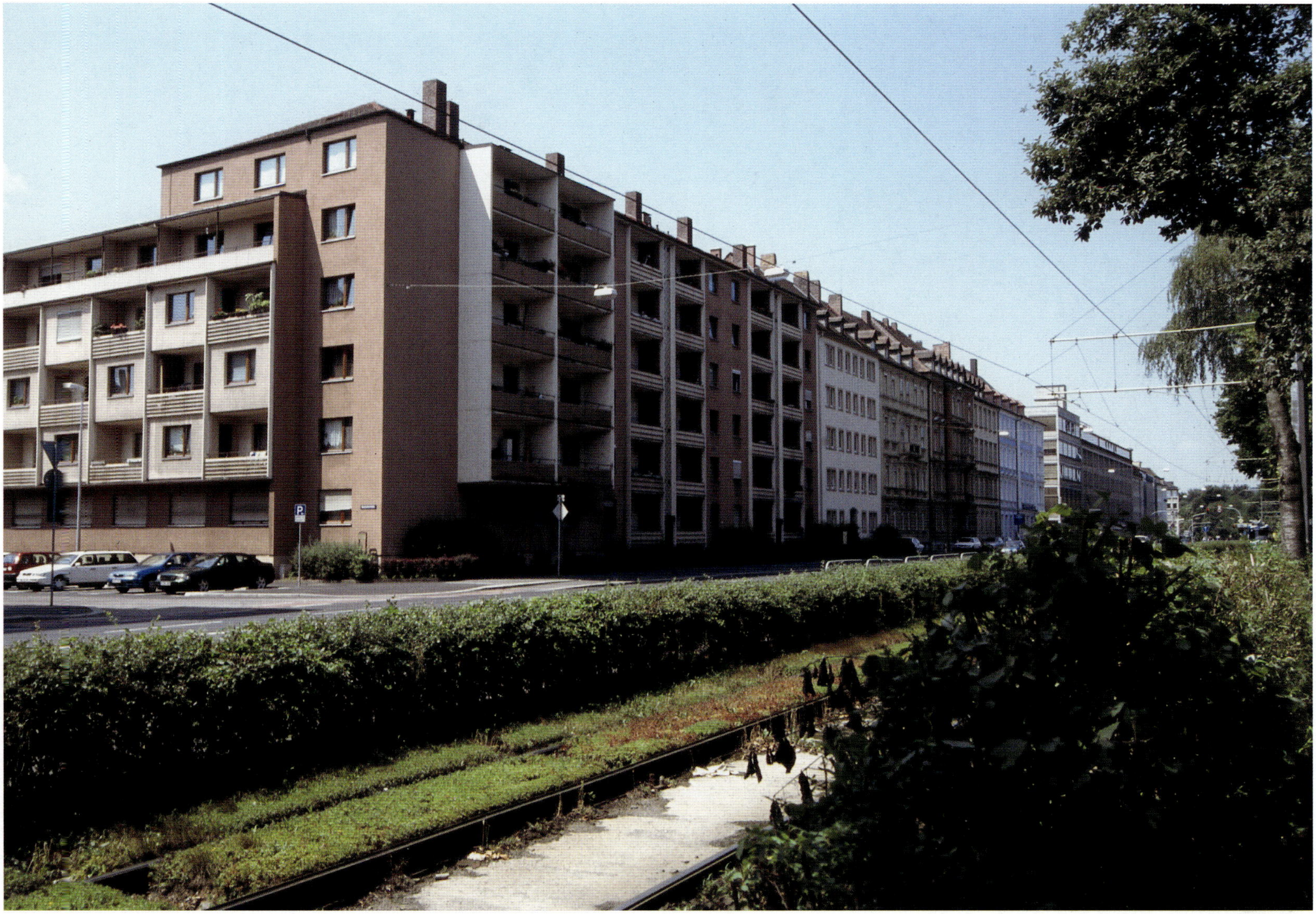

Der Haugerring, vom Ringpark aus gesehen.

Bahnhofplatz – Bahnhof

Das alte Bahnhofsgebäude wurde vom königlichen Eisenbahnarchitekten Friedrich Bürcklein entworfen und längs des Schalksberges gebaut. 1865 wurde der Bahnbetrieb aufgenommen. Vor dem Bahnhof (Foto unten) befindet sich der Bahnhofplatz mit dem Kaisergärtchen einer kleinen Parkanlage, die auch heute sehr gepflegt wird. Bis zur Zerstörung im Zweiten Weltkrieg 1945 diente der Gebäudekomplex der Stadt Würzburg als Empfangshalle für Reisende aus nah und fern.

1954 wurde an der gleichen Stelle der heutige Bahnhof gebaut, der am 2. Oktober des gleichen Jahres dem Bahnbetrieb übergeben wurde. 14 Betonsäulen am Eingangsbereich erinnern heute noch an das alte Gebäude. Würzburg ist heute Bahnhofsknotenpunkt, IC/ICE-Züge halten hier im Stundentakt.

Blick von der Kaiserstraße zum Bahnhof mit dem Kaisergärtchen.

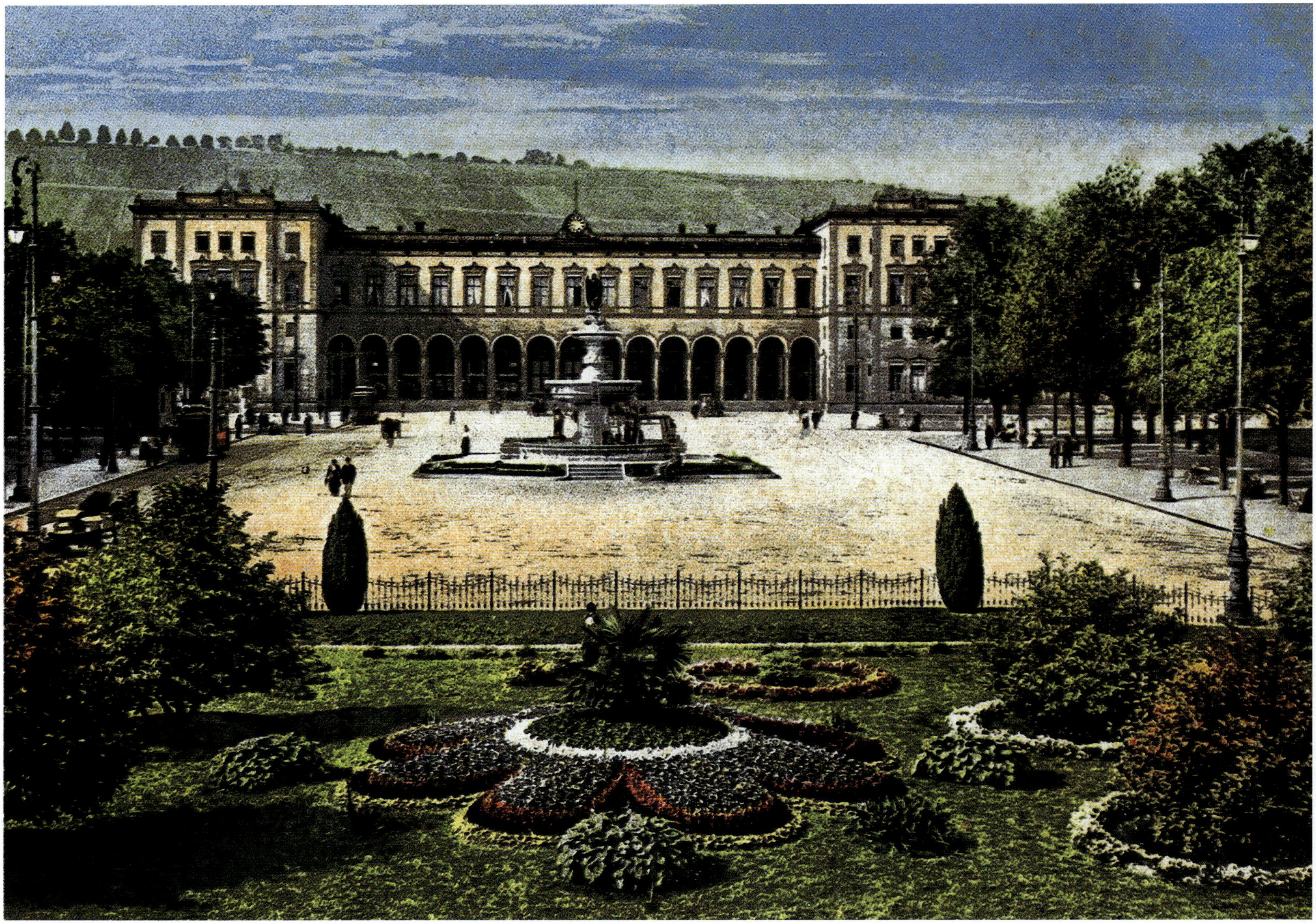

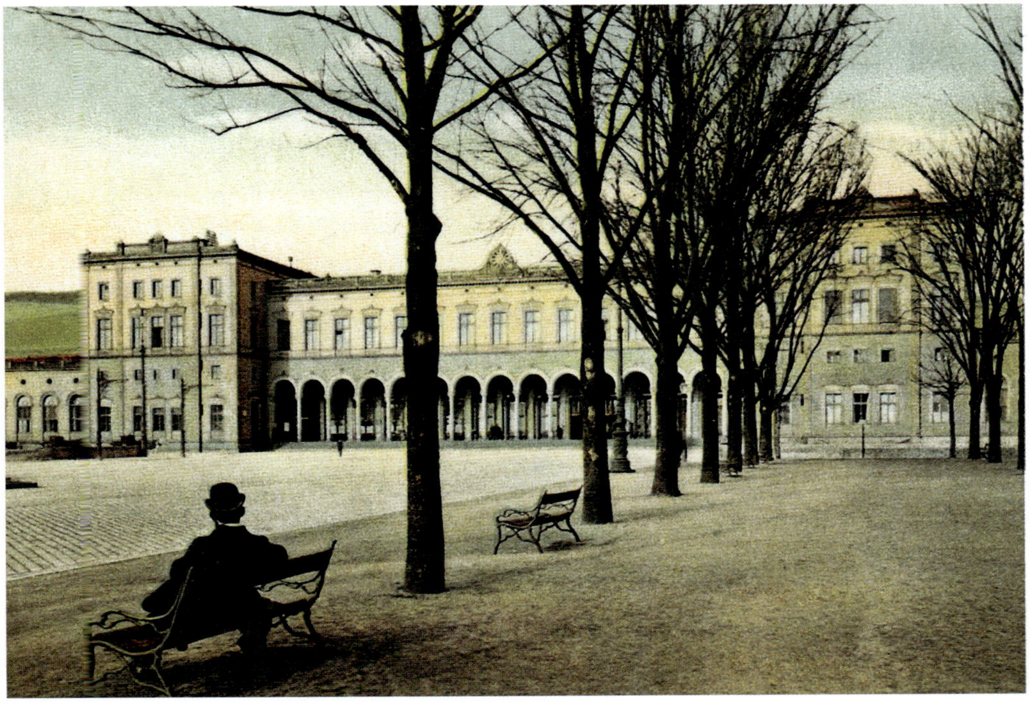

Blick auf das 1865 eröffnete Bahnhofsgebäude mit Vorplatz.

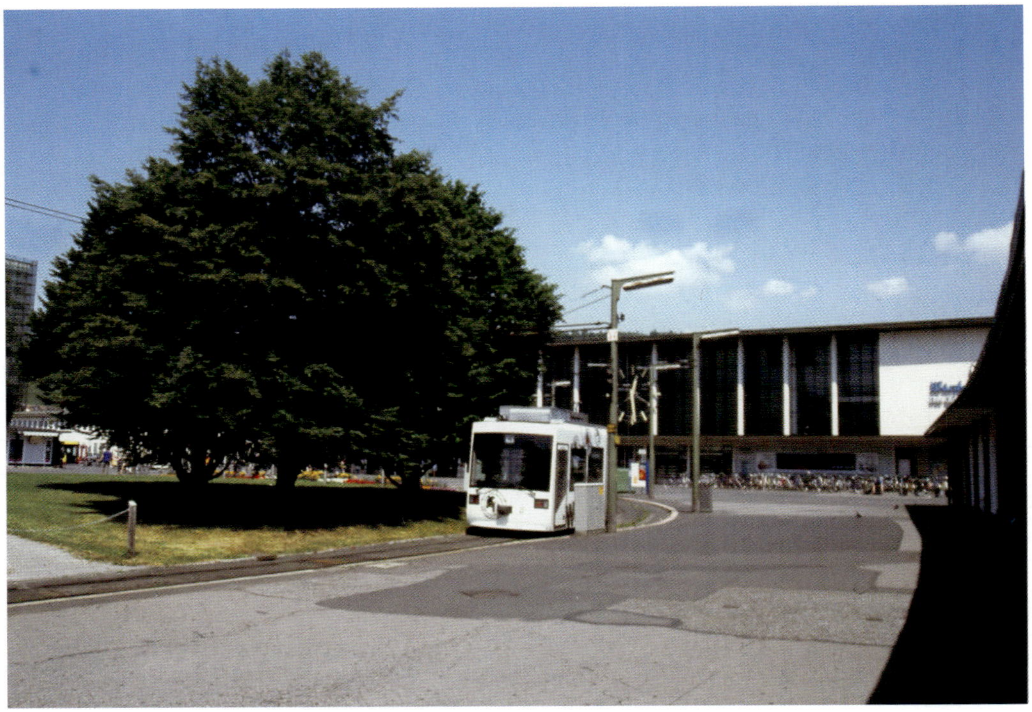

Der Bahnhof ist heute ein zeitgemäßes Gebäude der neuen Zeit.

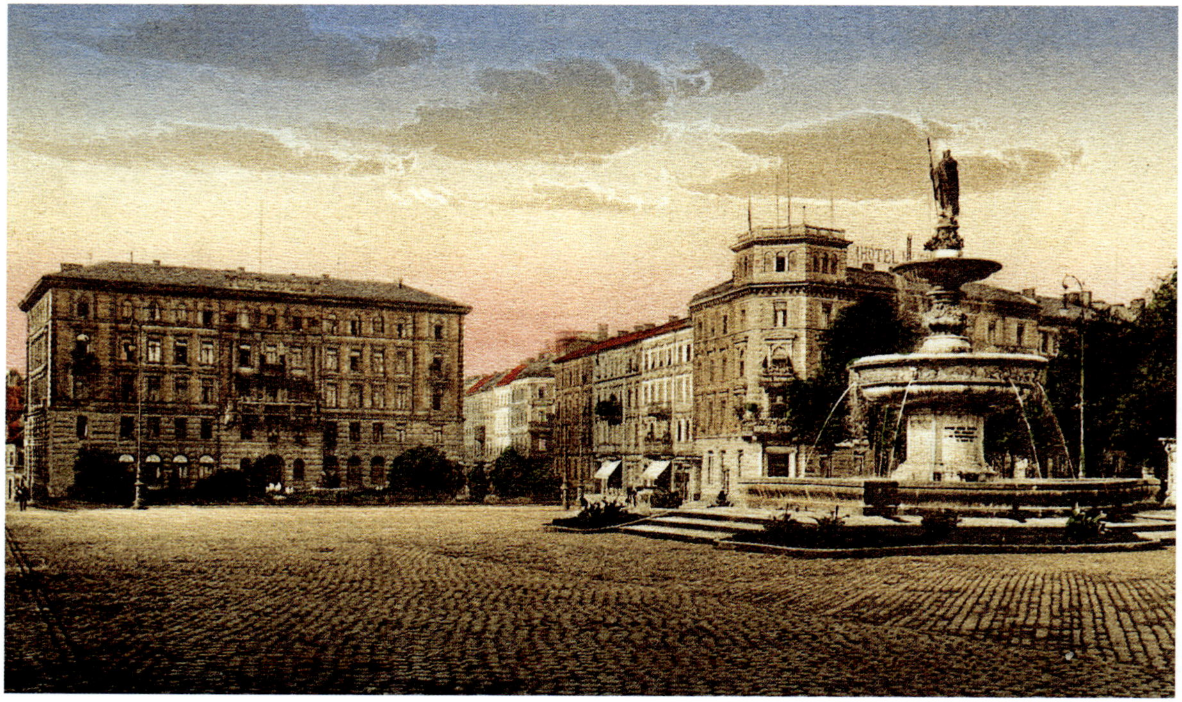

Blick vom Bahnhof über den Bahnhofplatz zum Kaiserplatz mit Kiliansbrunnen.

Der heutige Kaiserplatz mit Kiliansbrunnen, der zurzeit restauriert wird.

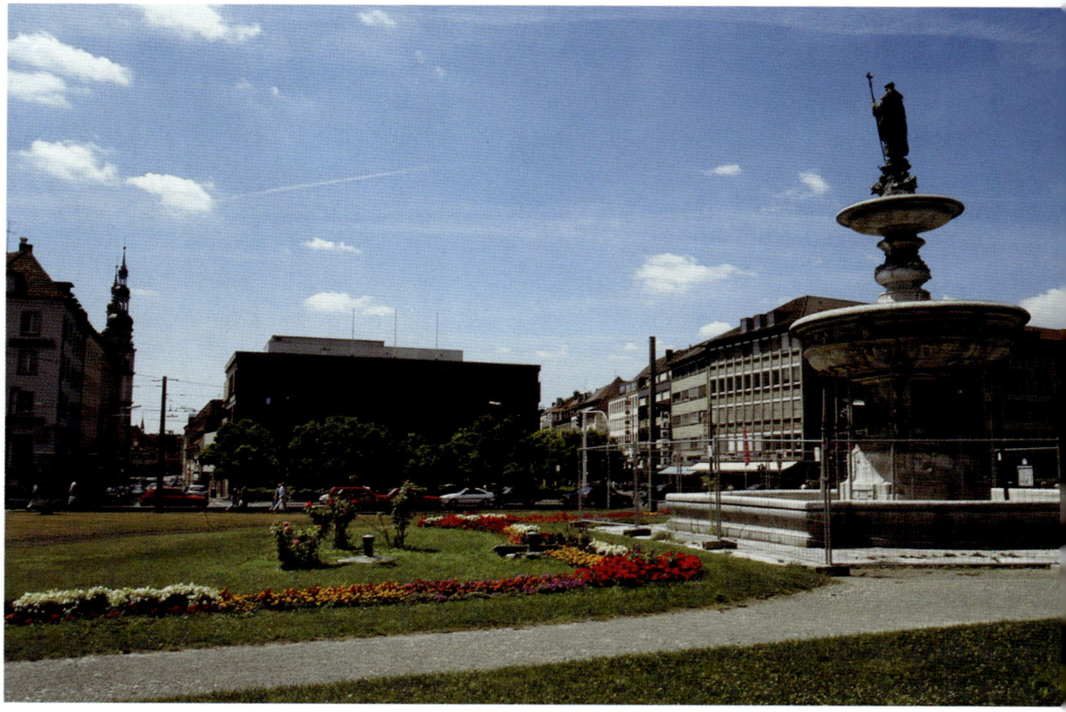

Bahnhofplatz – Kaiserplatz

Der Kiliansbrunnen auf dem Bahnhofplatz ist ein Geschenk von Prinzregent Luitpold als Dank an die Stadt Würzburg. Auf den Außenseiten des Brunnens sind folgende Worte eingeprägt:

MEINER LIEBEN GEBURTSSTADT / ZUR ERINNERUNG /AN DIE UNVERGESSENEN TAGE / IM JAHRE 1894 / IN TREUE FEST / IST MEIN WAHLSPRUCH / FEST BAUE ICH AUF / DIE LIEBE UND TREUE / MEINER LIEBEN FRANKEN / LUITPOLD PRINZREGENT VON BAYERN

Auf dem oberen Teil des Brunnens steht die von Balthasar Schmitt geschaffene Erzfigur des segnenden Frankenapostels St. Kilian. Vom Kaiserplatz, der Verlängerung des Bahnhofplatzes, führen seit 1870 die Bahnhofstraße und seit 1872 die Kaiserstraße in die Stadt. In Richtung Kaiserstraße befand sich das 1877 erbaute Buchner-Palais (Foto oben), das leider 1971 abgetragen wurde. Heute steht an gleicher Stelle ein Textilkaufhaus im neuen Baustil. An der Ecke Kaiserplatz/Kaiserstraße befand sich das Hotel National, das 1896 eröffnete. Das Gebäude wurde nach 1945 durch ein modernes Büro- und Geschäftshaus ersetzt.

Kaiserstraße

1871 wurde die Kaiserstraße durch Vorgärten und Gräben angelegt. Der Stadtwall wurde 1874 durchbrochen. Das Kaisergärtchen wurde 1875 angelegt. In seiner Mitte stand ein Wasserturm. Seit Juni 1900 kann man mit der elektrischen Straßenbahn zum Bahnhof fahren.

Die Kaiserstraße wurde vornehmste Einkaufsstraße mit verschiedenen Einzelhandelsgeschäften, Gaststätten und herrschaftlichen Cafés. In dieser Straße wuchs der Würzburger Dichter Max Dauthendey auf. Sein Vater hatte hier im Wohnhaus Nr. 23 ein Fotoatelier.

Die Kaiserstraße ist nach völliger Zerstörung im Stil der neuen Zeit wieder aufgebaut worden. Heute befinden sich hier sehr viele Filialgeschäfte. Die Straße hat das vornehme Flair der gehobenen Geschäftsstraße leider verloren.

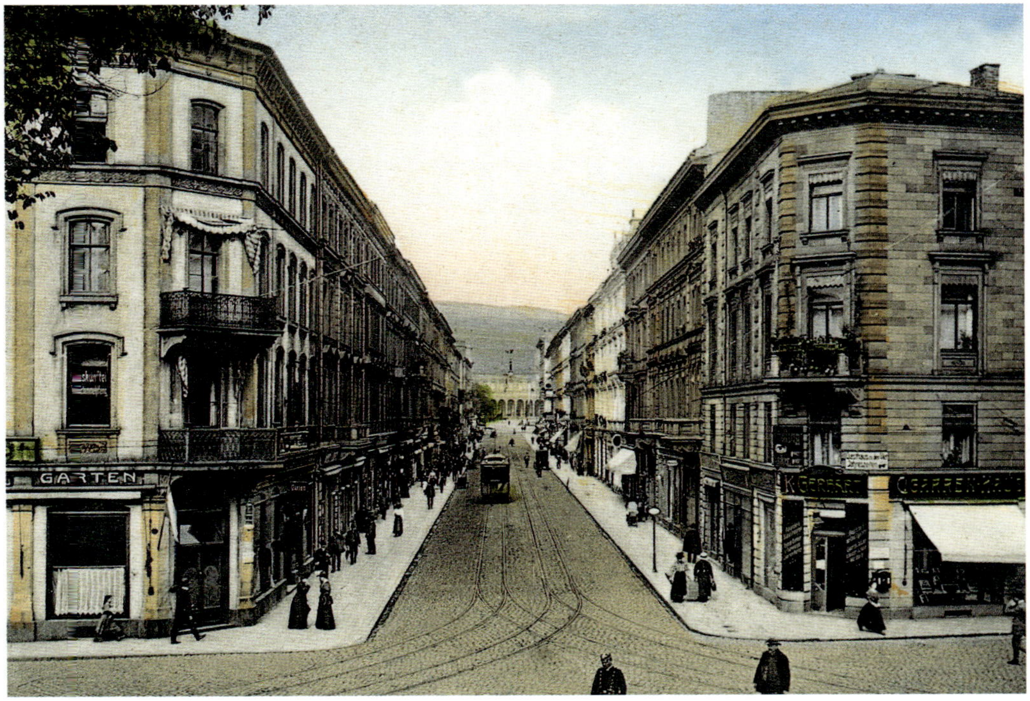

Die Kaiserstraße, vom Barbarossaplatz in Richtung Bahnhof gesehen.

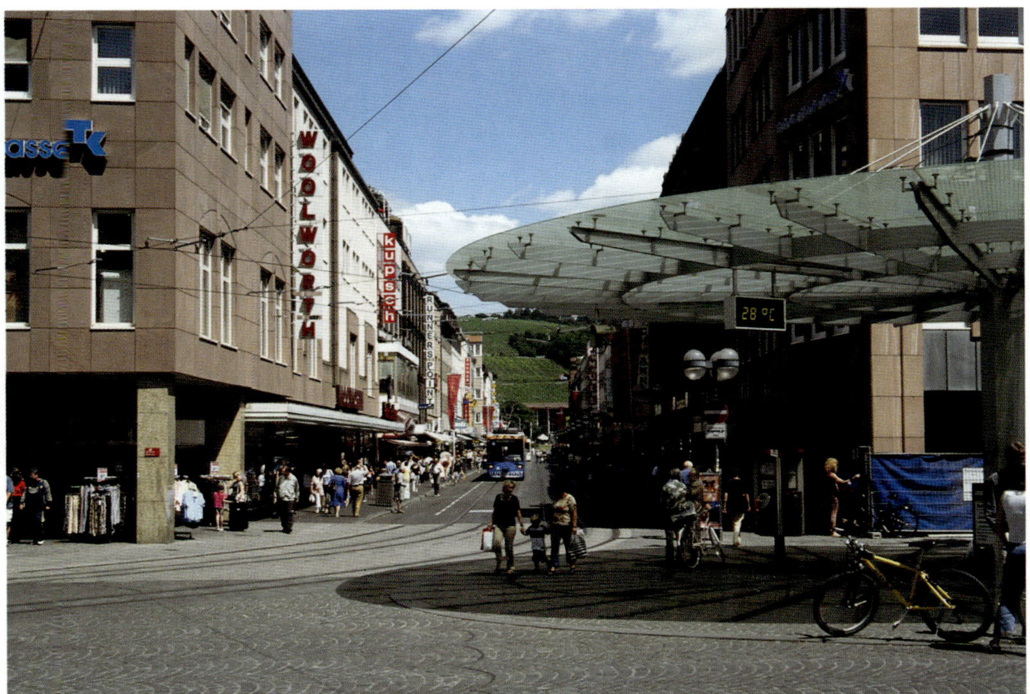

Die wieder aufgebaute Kaiserstraße mit ihren modernen Strukturen.

Die Kaiserstraße mit dem Barbarossaplatz im Vordergrund.

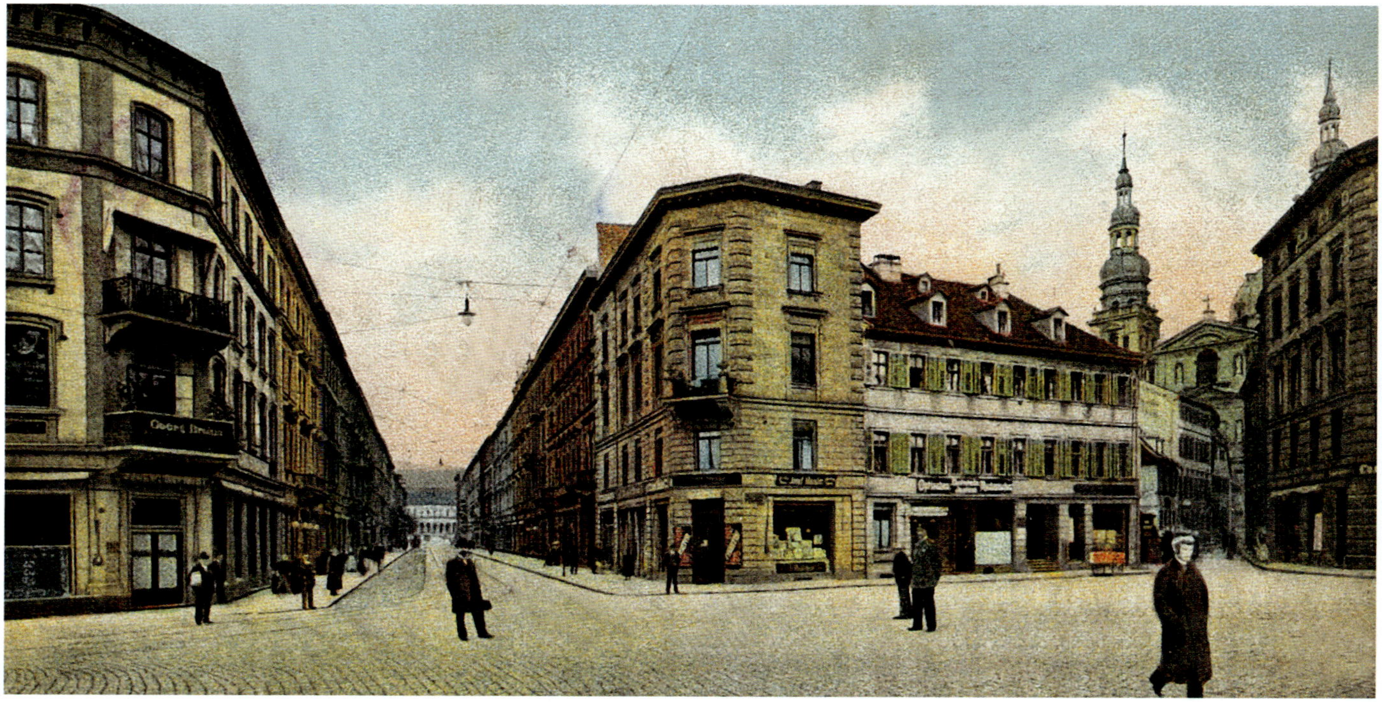

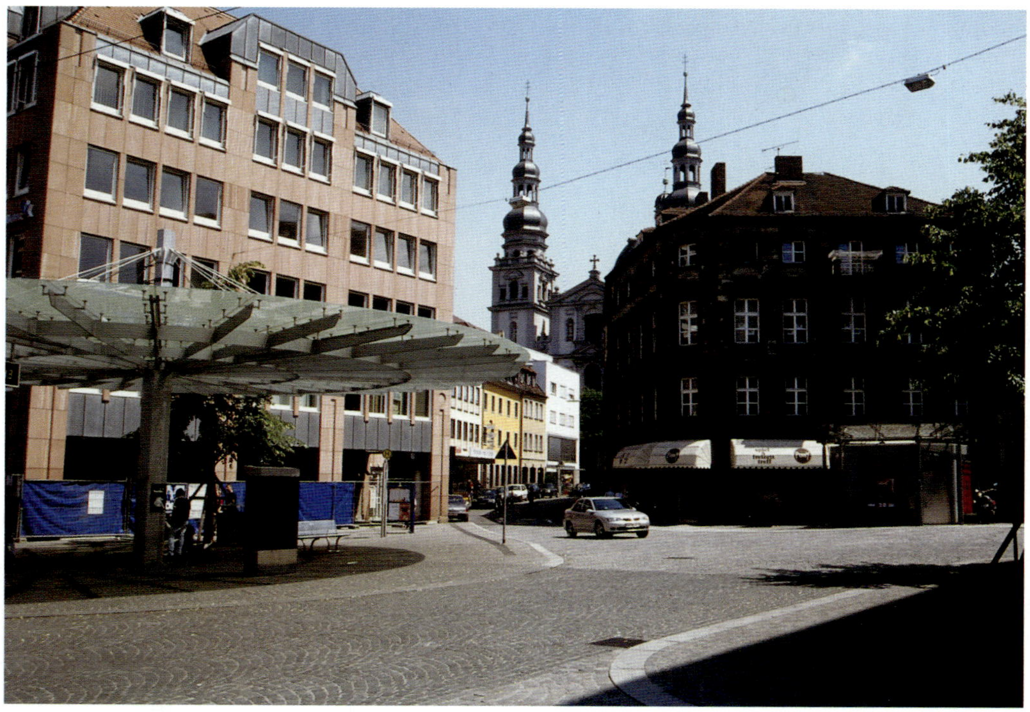

Barbarossaplatz

Der Name des Barbarossaplatzes erinnert an den Stauferkaiser Friedrich Barbarossa. Der Platz befindet sich am Zusammenschluss von Kaiser- und Theaterstraße. Kaiser Barbarossa war durch die Kaiserhochzeit und seine Reichstage stark mit Würzburg verbunden. 1156 fand die Hochzeit Friedrich Barbarossas mit Beatrix von Burgund, der Tochter des Grafen Reinhold von Burgund, in Würzburg statt. In einem monumentalen Fresko an der Südseite des Kaisersaales der Würzburger Residenz stellte Giovanni Battista Tiepolo 1752 die Hochzeit Barbarossas dar (Foto rechts). 1180 war für die deutsche Geschichte wohl der berühmteste Reichstag in Würzburg. Auf ihm wurde Herzog Heinrich der Löwe geächtet und seiner Herzogtümer Bayern und Sachsen für verlustig erklärt. Heinrich der Löwe hatte Barbarossa auf dem Feldzug gegen Mailand die Heeresfolge verweigert.
Der Barbarossaplatz ist heute ein modern gestalteter Platz, an dem sich verschiedene Bushaltestellen befinden. Gegenüber vom Barbarossaplatz führt die Haugerpfarrgasse zur Bahnhofstraße.

Der modern umgestaltete Platz mit Blick in die Haugerpfarrgasse.

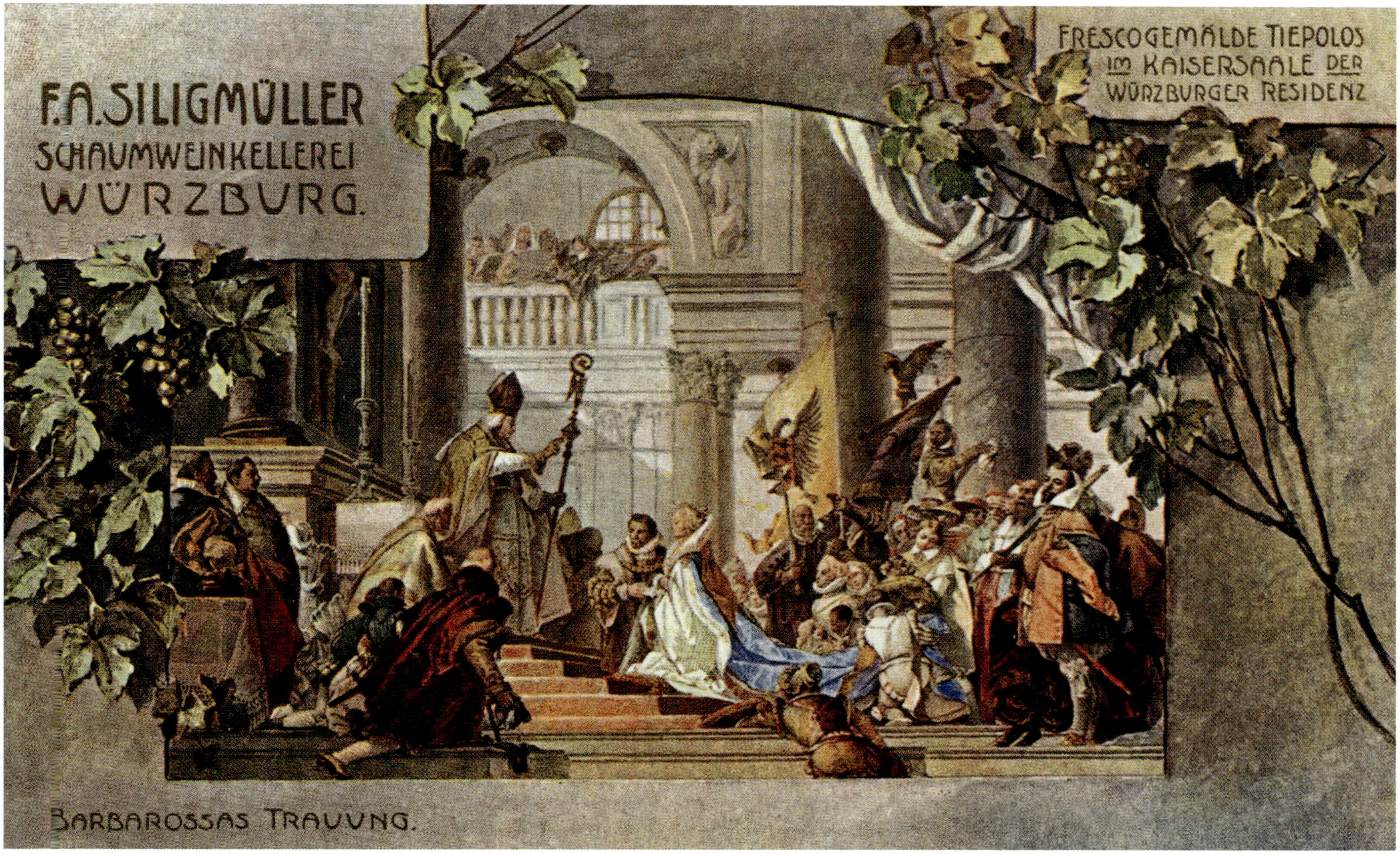

Ansicht aus dem Deckenfresko von Tiepolo im Kaisersaal der Würzburger Residenz.

„So haben auch die altem teutschen Kayser und Könige viel höfe und reichstäge, dergleichen etliche concilia da gehalten, dadurch die Einwohner der Stadt an ihrer nahrung und gutern mercklich zugenommen und ihre häuser und wohnungen je länger, je köstlicher gebaut haben. Daher dann die großen, schöne aus schwibbogen, gewölben und kellern, wohlerbaute alte bürgerhäuser hie zu Wirtzburg kommen seyn.“

Lorenz Fries 1544, Textzeilen aus Peter Ludewig,
Geschicht-Schreiber von dem Bischoffthum Wirtzburg.

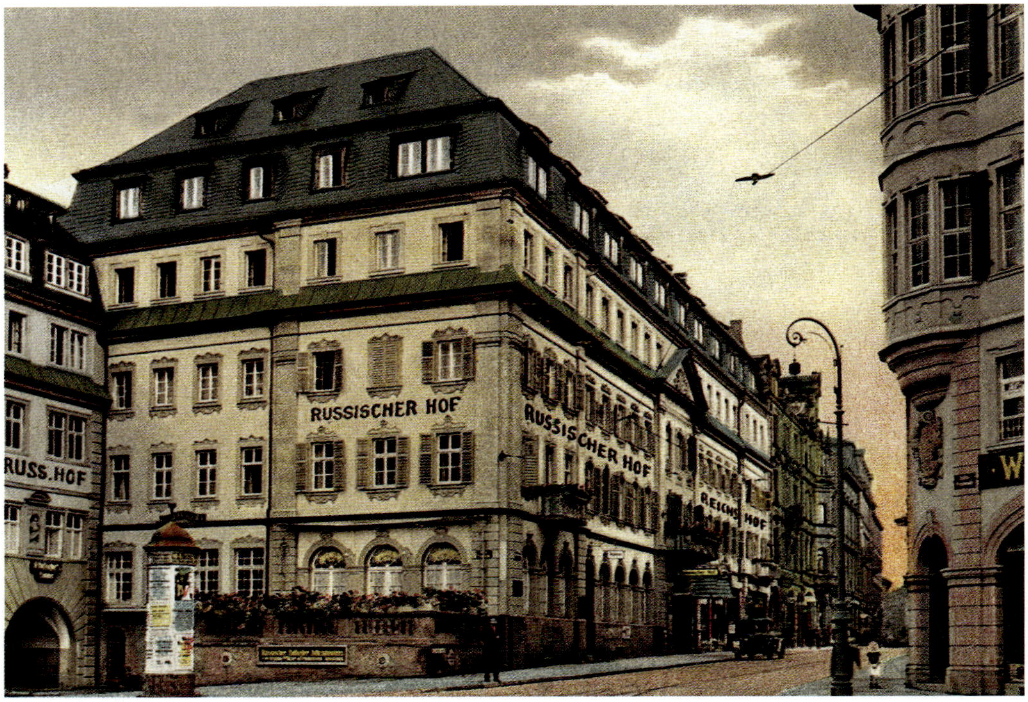

Theaterstraße – Ehemaliges Hotel Russischer Hof

Die Theaterstraße ist ein Zeitspiegel der Geschichte. Die Straße ist, wie der Name schon sagt, sehr stark mit dem Würzburger Theater verbunden.

Am Anfang der Straße befand sich das Hotel Russischer Hof. Der Gebäudekomplex bestand ursprünglich aus vier Häusern. Eines hiervon war der Gasthof „Zum Fränkischen Hof“: Die Häuser Nr. 5 und Nr. 7 waren die Gasthöfe „Zum Strauß“ und „Zum Goldenen Löwen“. Um die Mitte des 19. Jahrhunderts wurde der Komplex umgebaut und zum „Hotel de Russie“ benannt. Reiche russische Familien sollen, wie die Gästeliste zeigt, im Hotel gewohnt haben, um, wenn sie in der Stadt waren, ihre Ärzte zu konsultieren. Aus diesen Ereignissen leitet sich der Name „Russischer Hof“ ab. Der Russische Hof wurde Palasthotel, ein Haus mit sehr viel Niveau.

Der Glanz vergangener Tage ist verblasst. Das Haus um den Russischen Hof ist heute Bürogebäude mit angegliedertem Fast-Food-Restaurant. Im Innenhof an der Hauswand befinden sich eine Gedenkschrift mit dem Wappen des Fürsten von Seinsheim und Geschichtstexte zum Russischen Hof.

Ansicht vom Hotel Russischer Hof mit Blick in die Theaterstraße.

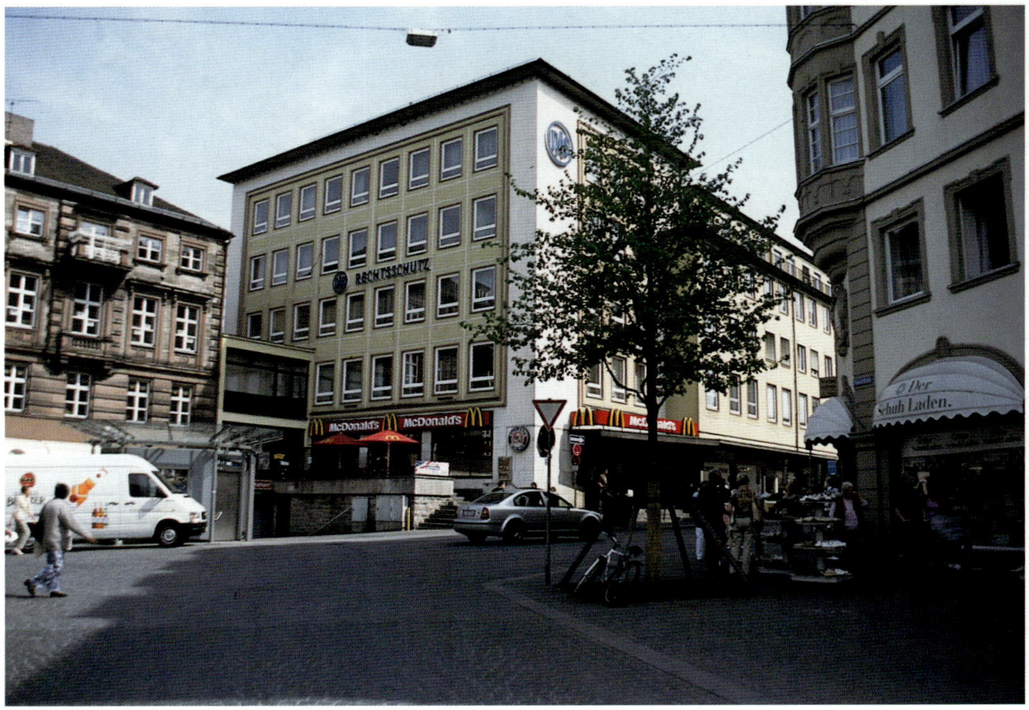

Das Gebäude des Hotels wird heute als Büro- und Geschäftshaus genutzt.

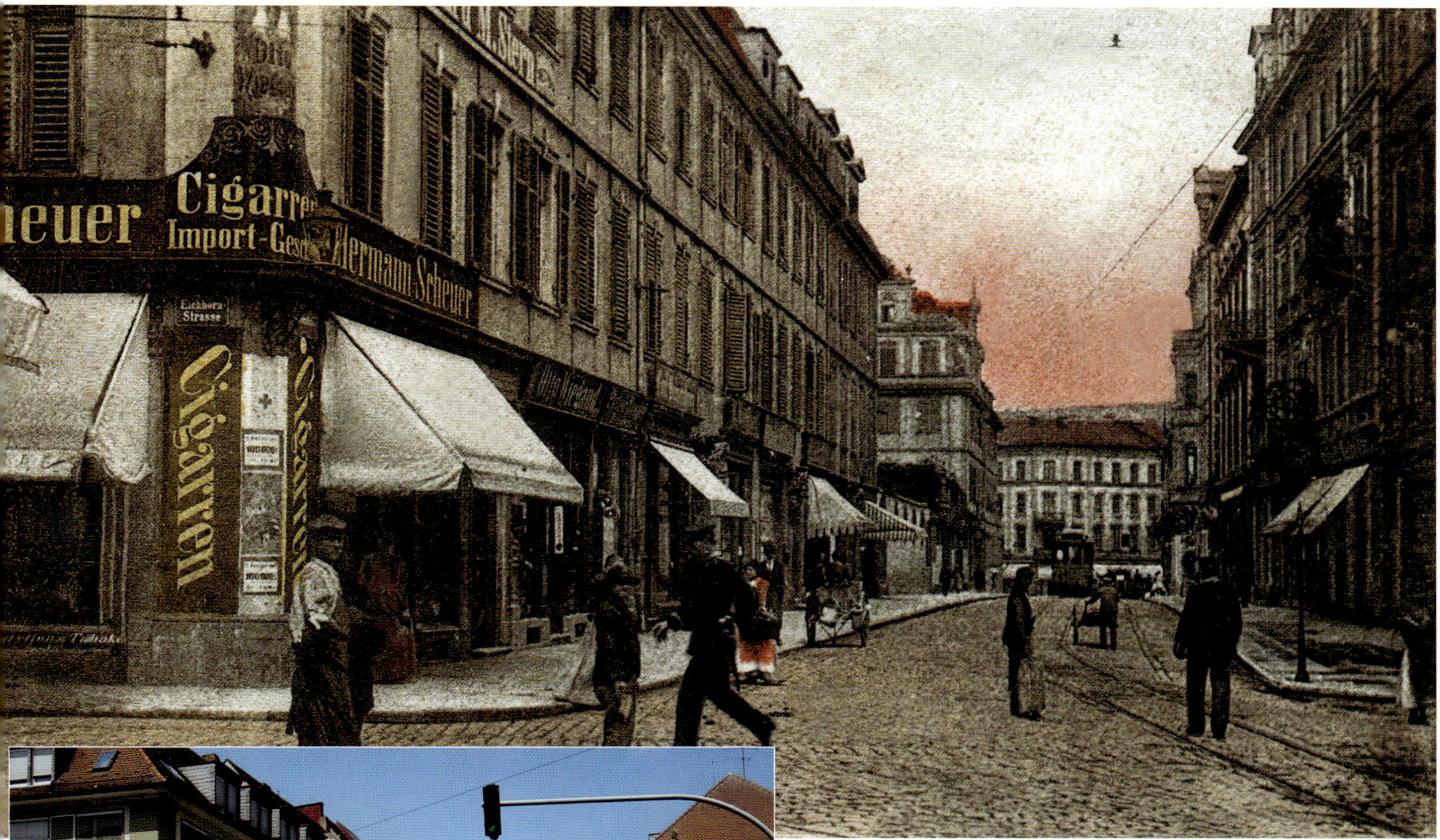

Die Theaterstraße mit dem so genannten Scheuereck (links).

Theaterstraße – Scheuereck

An der Ecke Theater-/Eichhornstraße (Foto oben, links im Bild) befand sich das ursprünglich 1741 von Balthasar Neumann für den Mundschank Klimmer erbaute Wohnhaus. Das Haus wurde 1957 vom Architekten Dömming neu errichtet. Im Erdgeschoss befand sich damals ein Tabakwarengeschäft mit Namen „Hermann Scheuer Cigarren Import". Der Name Scheuereck wurde im Volksmund hiervon abgeleitet. Heute befindet sich ebenfalls wieder ein Geschäft für Tabakwaren an der gleichen Stelle.

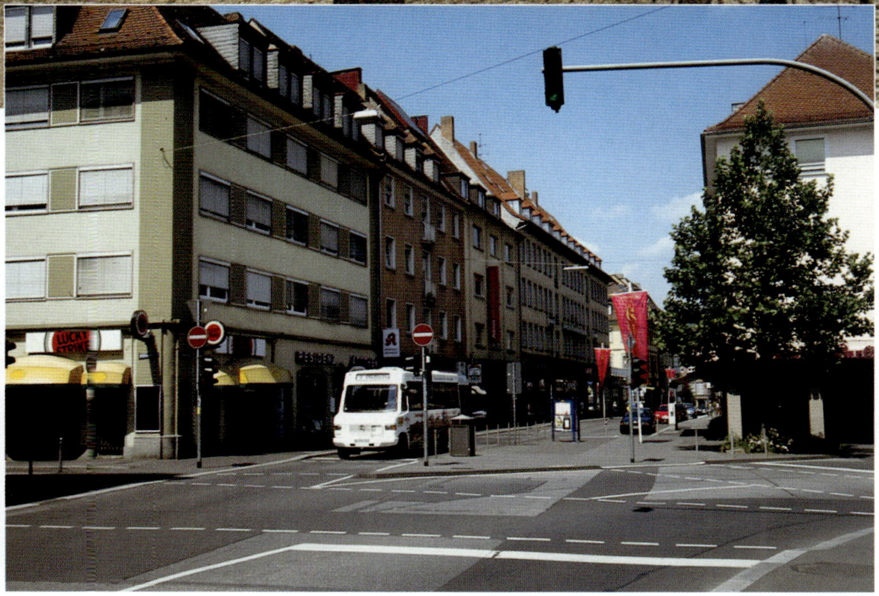

Das linke Eckgebäude in seiner heutigen Gestalt.

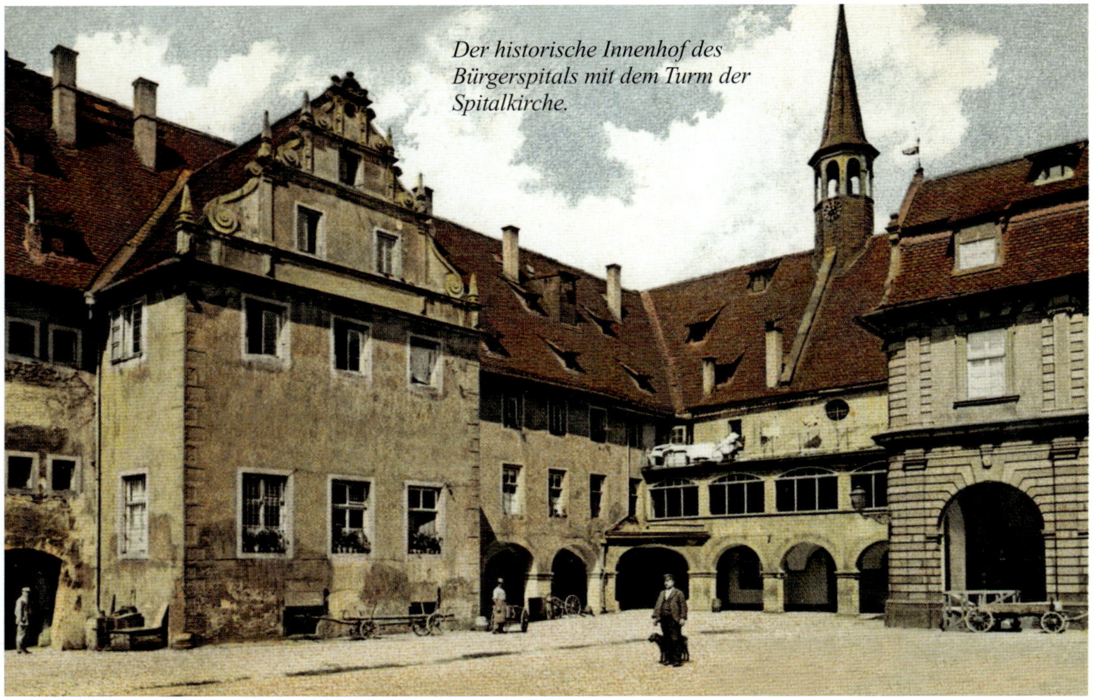

Der historische Innenhof des Bürgerspitals mit dem Turm der Spitalkirche.

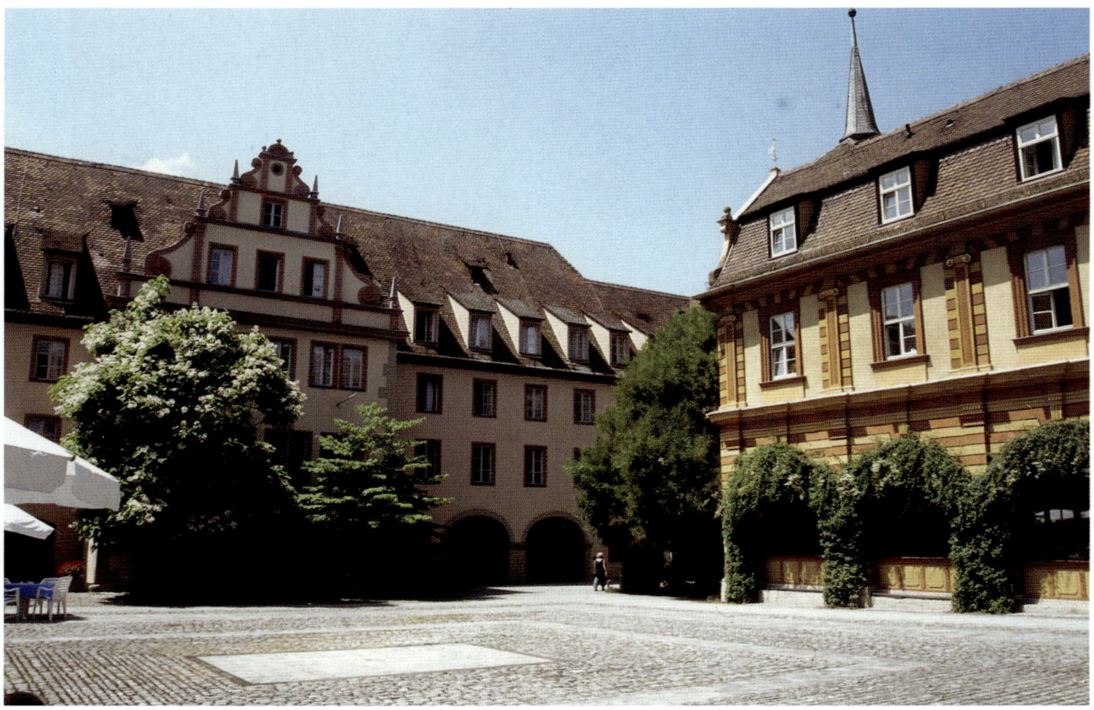

Ecke Semmel-/Theaterstraße – Bürgerspital

In alten Urkunden des Bürgerspitals finden sich Notizen, nach denen sich im Jahre 1319 der Würzburger Patrizier Johannes von Steren durch den Bischof und Herzog von Franken, Gottfried von Hohenohe, als „Stiftung" ein Haus vor dem Hauger Tor zur Pflege von kranken und siechen Würzburger Bürgern bestätigen ließ, um Himmlisches durch Irdisches sowie Ewiges durch Vergängliches zu erwerben. Schon zwei Jahre später stattete der Stifter sein „Spital" mit 13 Morgen Weinbergen aus, „den Kranken und Schwachen zur Lab und Stärkung".

Die Stiftung Bürgerspital führt den ursprünglichen Stiftungszweck bis heute fort. In Seniorenwohnheimen und Seniorenstiften erhalten die Bewohner eine rehabilitative Pflege, bedarfsgerechte psychosoziale Betreuung und individuelle Versorgung. Es werden jährlich im Schnitt (ab 2002) ca. 950 Personen in den Heimen und zusätzlich rund 400 Patienten pro Jahr in der geriatrischen Reha-Klinik betreut. Aufgrund historischer Überlieferung erhält jeder Pfründer täglich einen Schoppen Wein. Bereits im 14. Jahrhundert hat die Stiftung Bürgerspital über Zustiftungen Würzburger Bürger die ersten Weinberge erhalten. Sie dienten ursprünglich der Eigenversorgung der Pfründer. Über die Jahrhunderte wuchs die Weinbergfläche auf die heutige Größe an. Das Bürgerspitalweingut ist heute mit rund 140 Hektar Weinbergfläche eines der bedeutendsten Deutschlands. Auf den überwiegenden Hang- und Steillagen werden in einer naturnahen Bewirtschaftungsweise die klassischen Rebsorten der Region angebaut. Auf dem Muschelkalkboden gedeihen die Hauptrebsorten wie Riesling, Silvaner, Müller-Thurgau Kerner, Bacchus sowie weiße und rote Burgundersorten.

Schon Johann Wolfgang von Goethe war vom Frankenwein begeistert und schrieb:

„Schick mir doch einige Würzburger, denn kein anderer Wein will mir schmecken, und ich bin verdrüßlich, wenn mir mein gewohnter Liebelingstrank begeht!"

Der restaurierte Innenhof lädt heute die Gäste der Weinstube zum Verweilen ein.

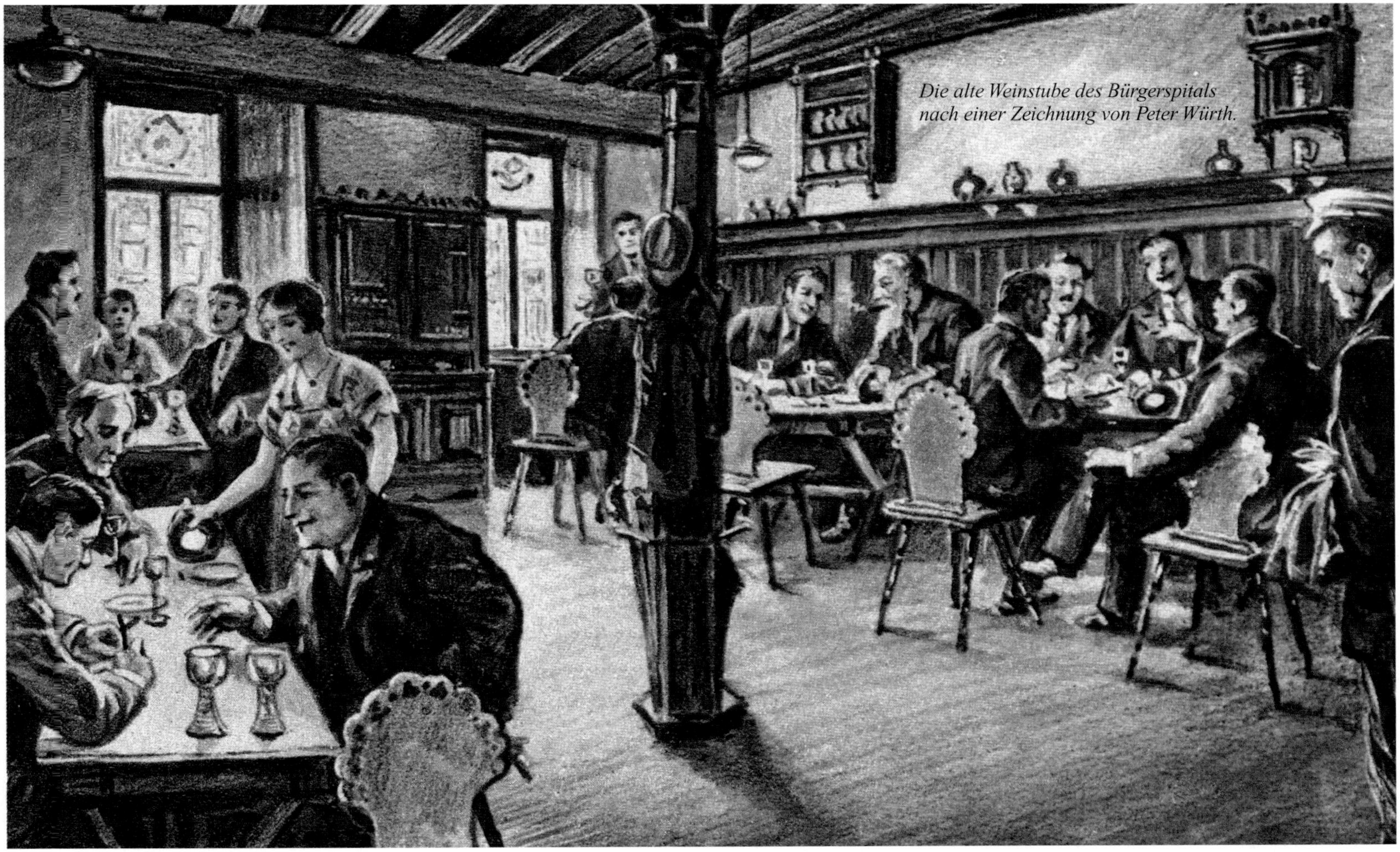

Die alte Weinstube des Bürgerspitals nach einer Zeichnung von Peter Würth.

Bürgerspital – Geburtshaus des Bocksbeutels

Das Bürgerspital wird auch Geburtshaus des Bocksbeutels genannt. Ein Ratsprotokoll aus dem Jahre 1726 berichtet:
„Weil durch böswillige Machenschaften die Wirte in Stadt und Land leichte und weniger gute Weine unter die edelsten Weine, insbesondere den Steinwein mischten, entstand seit längeren Zeiten Schaden im Weinhandel. Auf gnädige, fürstliche Anordnung hin ließ der Stadtrat die im Keller des Bürgerspitals zum Hl. Geist lagernden Steinweine des Jahrgangs 1718 in Bocksbeuteln mit 1 Maß Inhalt abfüllen, gut verschließen, mit dem Stadtsiegel versiegeln und verkaufen. Der Preis für 1 Fuder stieg von 100 auf 500 Reichstaler.“ Sehenswert im Bürgerspital sind die alten Kellergewölbe mit den Eichenholzfässern, die drei Schatzkammern und das kleine Bocksbeutelmuseum mit seinen Exponaten. Im Erdgeschoss des Gebäudes mit Eingang Theaterstraße, befinden sich die berühmten Weinstuben des Bürgerspitals. Unter alten Wölbungen zwischen Säulen und tiefen Nischen kann man den Wein bei einem guten fränkischen Essen genießen. Würzburger Spezialitäten sind die Häckerbrotzeit oder das fränkische Hochzeitsessen (Leberknödelsuppe, gekochtes Rindfleisch mit Meerrettich und Nudeln). Rund um das Bürgerspital gibt es noch folgende Sehenswürdigkeiten: Der malerische Innenhof lädt zum Verweilen ein: Der so genannte Rote Bau, eine dreiflügliche, sich in einem Innenhof öffnende Anlage, wurde ursprünglich nach Plänen des Ingenieurhauptmanns Andreas Müller, dessen Lehrer Balthasar Neumann war, von dem Würzburger Mauerermeister Jakob Bauer errichtet. Am Eingang des Hofes befindet sich die Spitalkirche, ehemals mit einem Hochaltar von Hofbildhauer Johann Wolfgang von der Auwera ausgestattet. Am 16. März 1945 wurden die Kirche wie auch die Spitalgebäude schwer getroffen und brannten bis auf die Grundmauern nieder.
Das Bürgerspital wurde in den Jahren ab 1953 wieder aufgebaut und ist ein gelungener Nachkriegsaufbau.

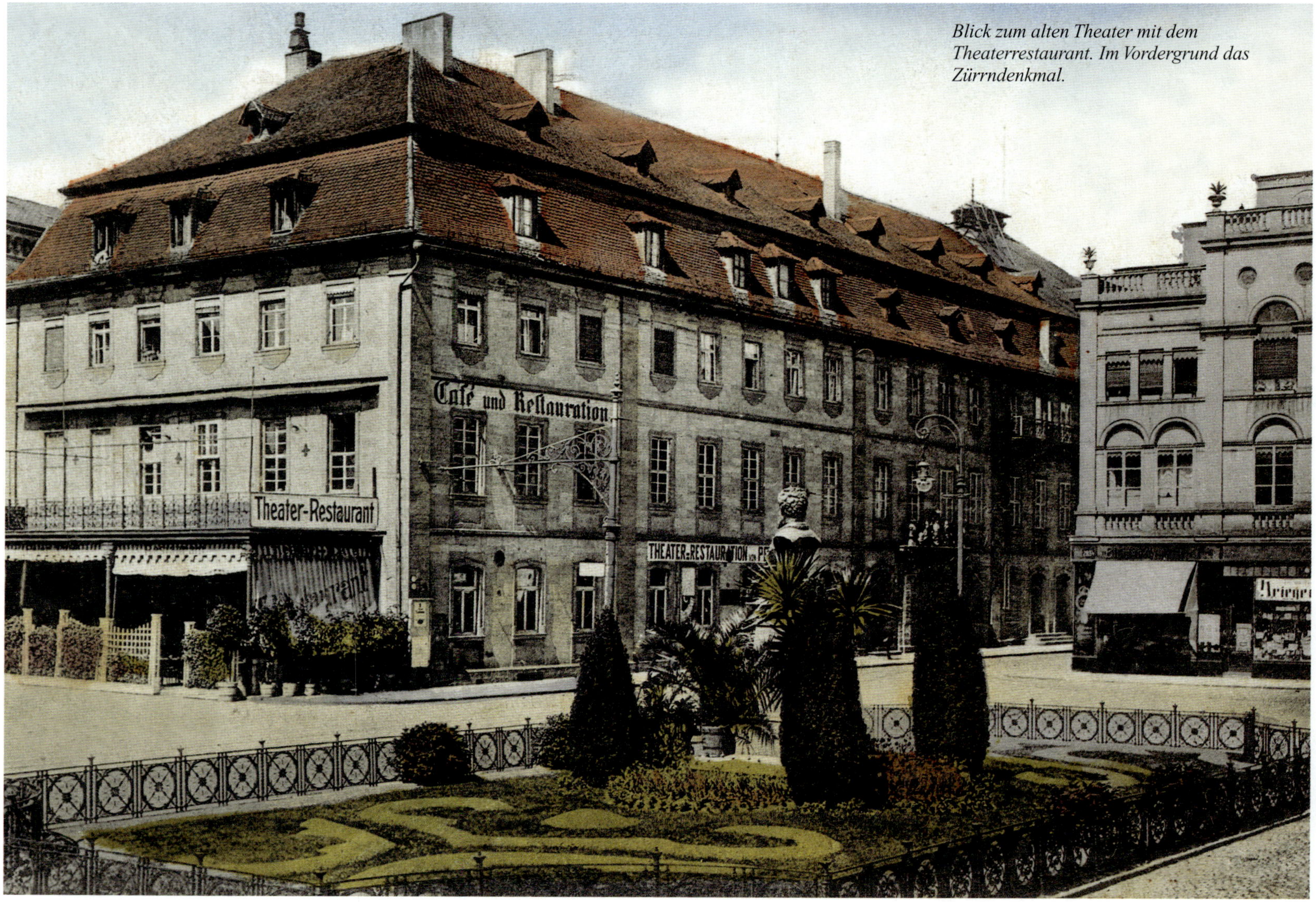

Blick zum alten Theater mit dem Theaterrestaurant. Im Vordergrund das Zürrndenkmal.

Ecke Spiegel-/Theaterstraße – Ehemaliges Theater

An der Ecke gegenüber dem Kardinal-Faulhaber-Platz erhebt sich heute ein Geschäftshaus. Hier stand einst das Würzburger Stadttheater. Eine kleine Gedenktafel angebracht an einem Stück Mauer in der Theaterstraße Nr. 20 erinnert heute noch an die Theatergründung im Jahre 1804.

Im Haus Stift St. Anna, erbaut 1750 von Balthasar Neumann, wurde 1804 das Theater eröffnet. Im Innenraum befanden sich zwei Logenreihen sowie eine Galerie. Der Spielraum war für ca. 700 Zuschauer ausgerichtet. Das erste im neuen Theater aufgeführte Schauspiel trug den Titel „Stille Wasser sind tief". Zum Gebäudekomplex gehörte das Theaterrestaurant sowie ein Theatercafé, das für viele Würzburger Studentenverbindungen Kneipenlokal war.

Die Würzburger waren einst theaterfreudiger als heute, so war das Haus fast immer ausverkauft. Mit vielen Persönlichkeiten der damaligen Zeit verbindet man das Theater: Eduard Reimann war 28 Jahre Intendant oder Richard Wagner lange Jahre Chorleiter. In Würzburg komponierte Richard Wagner sein Erstlingswerk „Die Feen". Das alte Theatergebäude fiel am 16.03.1945 den Flammen zum Opfer. Das neue Stadttheater wurde auf der gegenüberliegenden Seite gebaut.

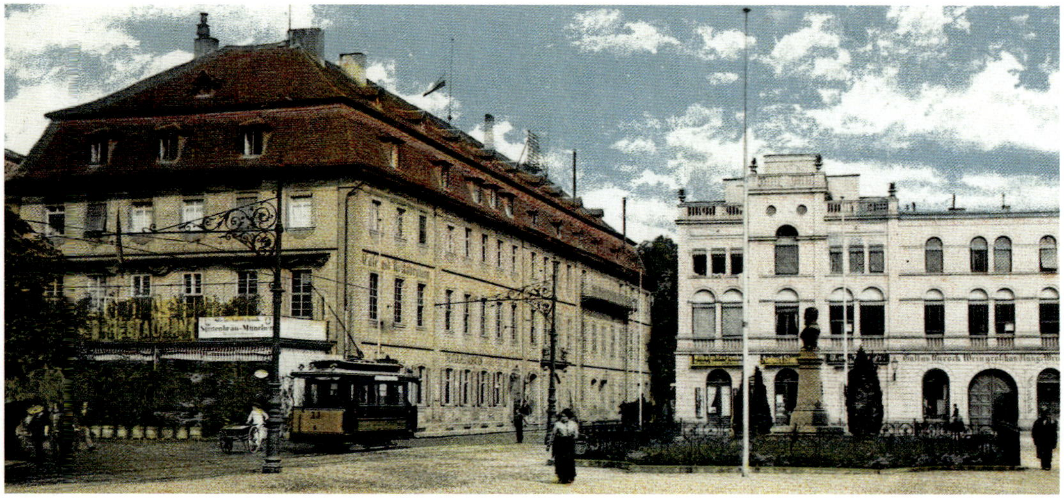

Die Ansicht zeigt das alte Theater sowie rechts die Ecke Ludwigstraße.

„Würzburg ist der Gegensatz jener Städte, die nur von einer glorreichen Vergangenheit zehren. Es ist lebendige Gegenwart, und auch seine künstlerische Vergangenheit empfinden wir als ein Gegenwärtiges und Lebendiges."

Josef Hofmüller, Würzburg

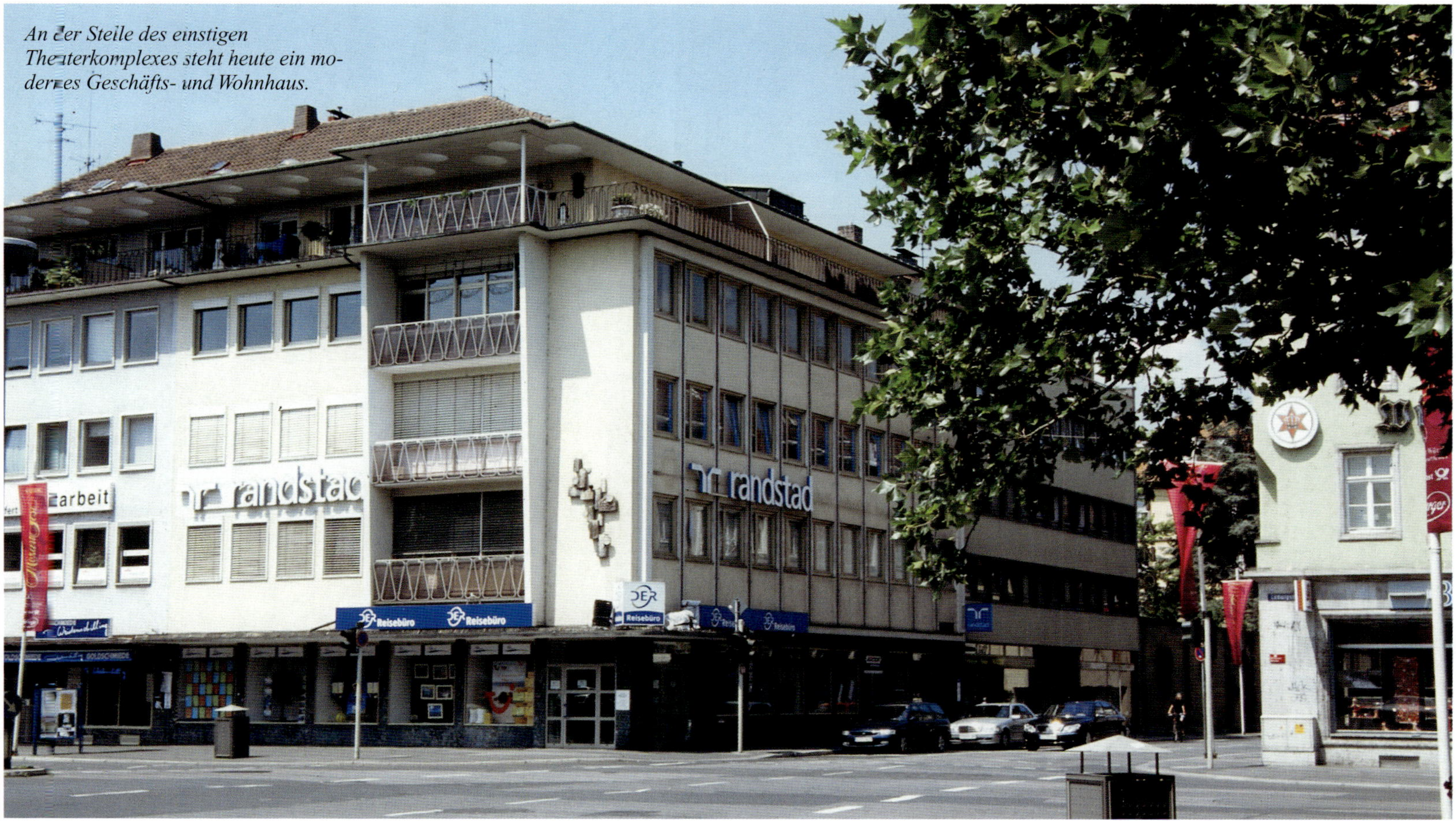

An der Stelle des einstigen Theaterkomplexes steht heute ein modernes Geschäfts- und Wohnhaus.

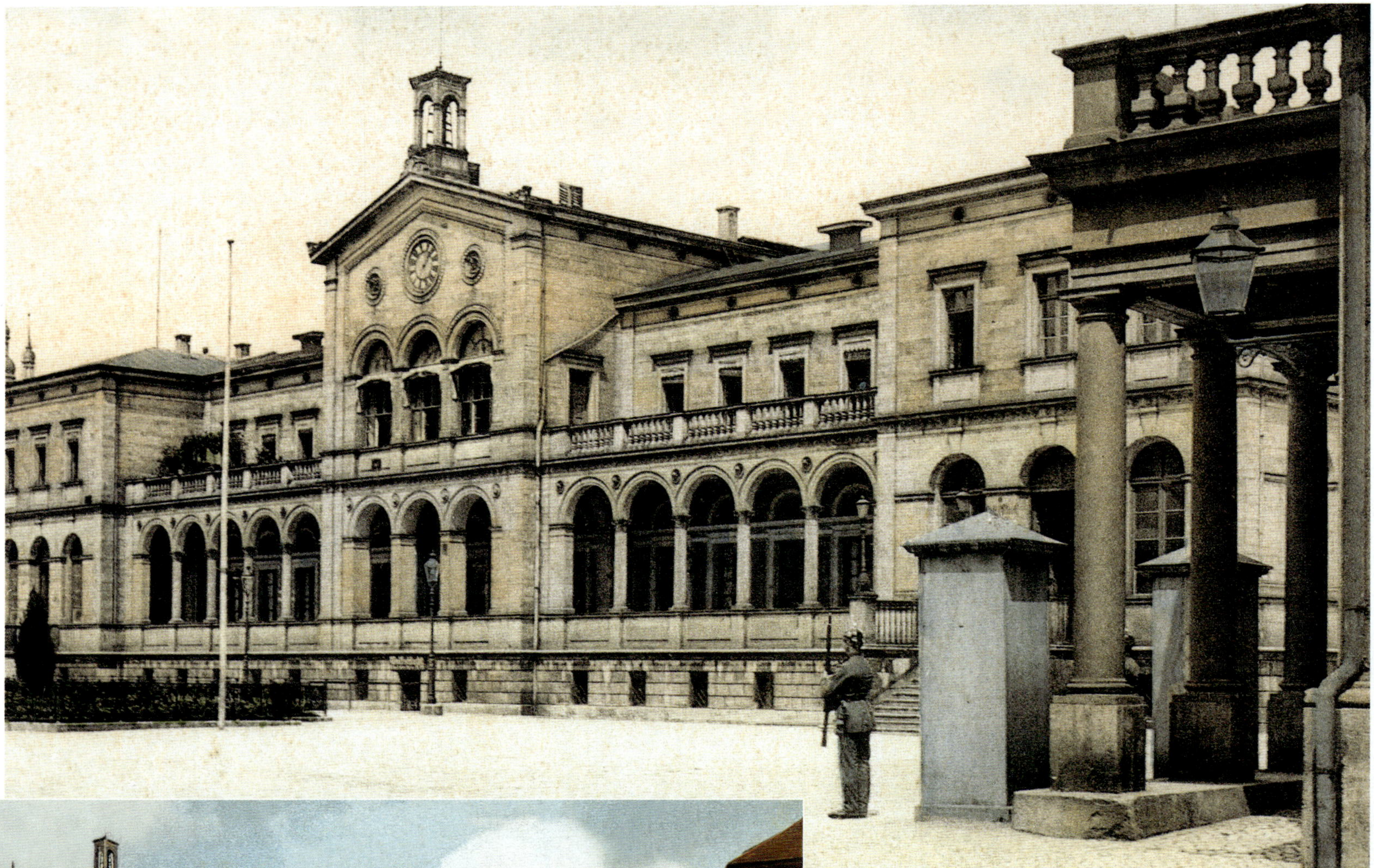

Die Ludwigshalle, die zuvor zehn Jahre als Bahnhof genutzt wurde.

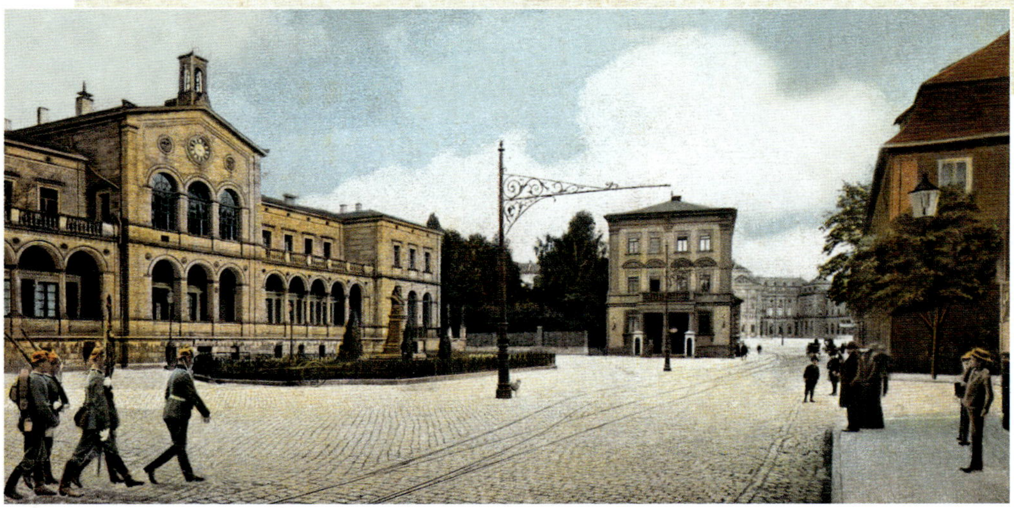

Die Karte zeigt links den alten Bahnhof sowie den Roten Bau im Hintergrund.

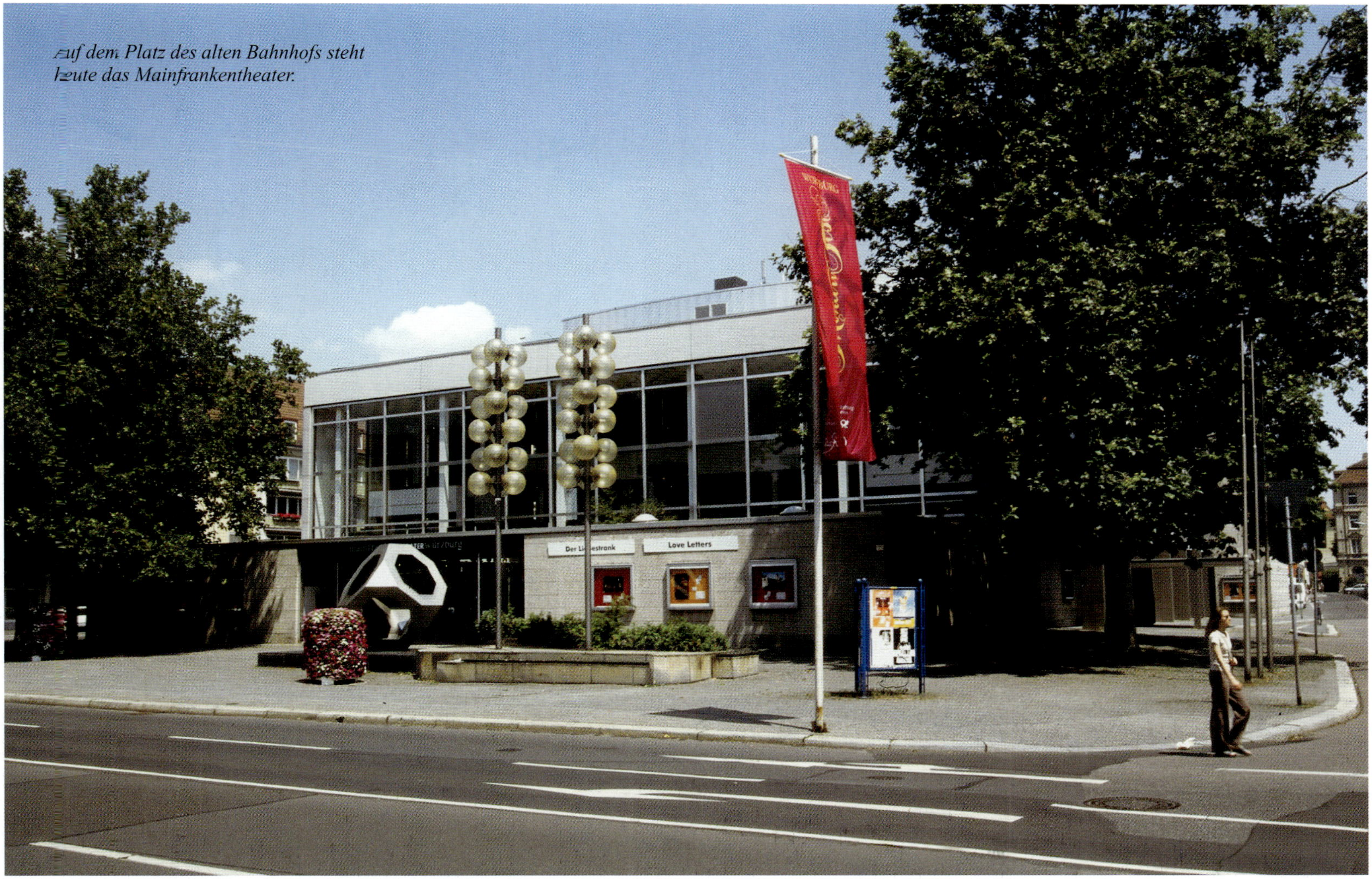

Auf dem Platz des alten Bahnhofs steht heute das Mainfrankentheater.

Theaterstraße – Ehemaliger Alter Bahnhof – Heutiges Mainfrankentheater

Der alte Bahnhof wurde 1854 bis 1856 an der Stelle der ehemaligen Kartause zum Engelsgarten gebaut. Das Gebäude (Foto oben links) mit seiner farbenprächtigen Empfangshalle lag mitten in der Stadt. Der Sackbahnhof war Endpunkt der Ludwig-West-Bahn mit den Bahnlinien von Frankfurt nach Schweinfurt. Umständliches Rangieren war nötig, um die Züge abzufertigen. Bereits zehn Jahre nach der Eröffnung der Bahnstrecke hatte der alte Bahnhof ausgedient. Die Stadt Würzburg kaufte die komplette Bahnanlage mit allen Gebäuden samt Rotem Bau für 380 000 Reichsmark (Foto unten links). Das Gebäude wurde zur Ludwigshalle umgetauft und für Ausstellungszwecke genutzt. Die Halle wurde wie vieles in Würzburg im Krieg zur Ruine und abgerissen. Auf dem Gelände wurde am 4. Dezember 1966 das Würzburger Stadttheater (Foto oben) eröffnet. Das Haus wurde nach Plänen von Dipl.-Ing. Hans Joachim Budeit erbaut. Für die Fassade wurde gestrichener Beton, Naturstein und Aluminium verwendet. Im Gebäude entwickeln sich die Räume organisch von den Garderobenhallen über die Foyers zum Zuschauerraum. Der Zuschauerraum selbst ist breit und kurz gehalten. Neben der großen Bühne für 744 Plätze befinden sich noch die Kammerspiele mit 95 Plätzen im Haus. Das heutige Mainfrankentheater bietet ein breites und aktuelles Programm durch die Bereiche Musik, Ballett und Schauspiel. Das Haus hat einen sehr guten Ruf im In- und Ausland.

Rennweg

Der Rennweg führt von der Theaterstraße und dem Residenzplatz zur Rottendorfer Straße. In der Gegend um die Residenz und den Hofgarten sollen sich früher geräumige Rasenflächen befunden haben. Auf diesen Plätzen wurden Turniere und Rennspiele abgehalten. Daher soll der Name Rennweg kommen.
Auf dem Foto ist das Rennwegertor, ein Kunstwerk von Johann Georg Oegg, zu sehen. Die Tore zum Hofgarten der Residenz entstammen ebenso seinem künstlerischen Können.

Am Rennweg links befindet sich das Rosenbachpalais, in dem sich der Staatliche Hofkeller Würzburg befindet. Unter der Residenz erstrecken sich die weitläufigen, labyrinthischen Gänge und Gewölbe der ehemaligen fürstbischöflichen Hofkellerei. Eine der architektonisch schönsten Weinkelleranlagen der Welt erwartet den Besucher. Der überwältigende Eindruck von Holzfässern, in Doppellagern aufgereiht, nimmt den Besucher des Stückfasskellers gleich gefangen. In diesem so genannten Weindom befinden sich insgesamt einhundert Holzfässer in der Größenordnung eines Stückfasses von 1200 Liter. Im Südflügel der Residenz findet man den Rotweinkeller, der dort eingelagerte Rotwein hat eine ganz besondere Harmonie.
Der Staatliche Hofkeller Würzburg führt dieses große Erbe nicht als Museum, sondern als lebendiges Weinbaudenkmal mit kellerwirtschaftlicher Nutzung fort. Noch heute werden Weine aus Staatsdomänen auf traditionelle Weise in Eichenholzfässern ausgebaut. Die Hofkellerei lädt zu Kellerführungen und Weinproben ein.

Der Ursprung des Schwedenfasses führt in die Jahre des Dreißigjährigen Krieges zurück. Nachdem 1631 König Gustav Adolf die Stadt eingenommen hatte, soll er nach dem Jahrtausendwein, dem 1540er-Leistenwein, verlangt haben. Er war aber so gut versteckt, dass er dem Feinde unentdeckt blieb. 1684 füllte man die noch vorhandene Menge, ca. 2700 Liter, in das dafür eigens gefertigte Schwedenfass.

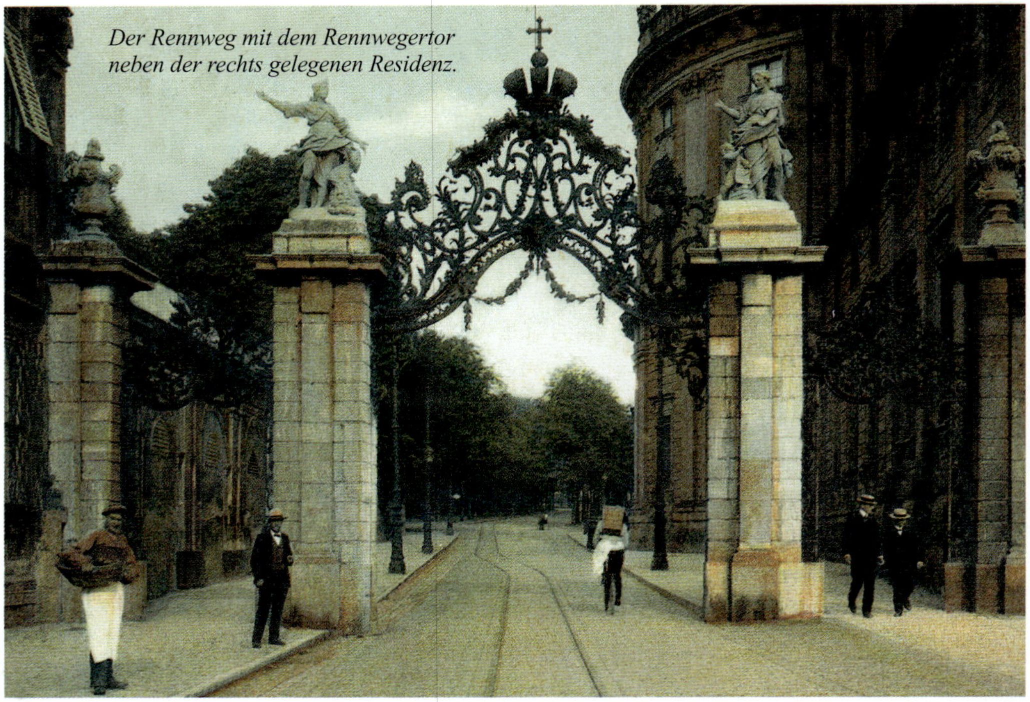

Der Rennweg mit dem Rennwegertor neben der rechts gelegenen Residenz.

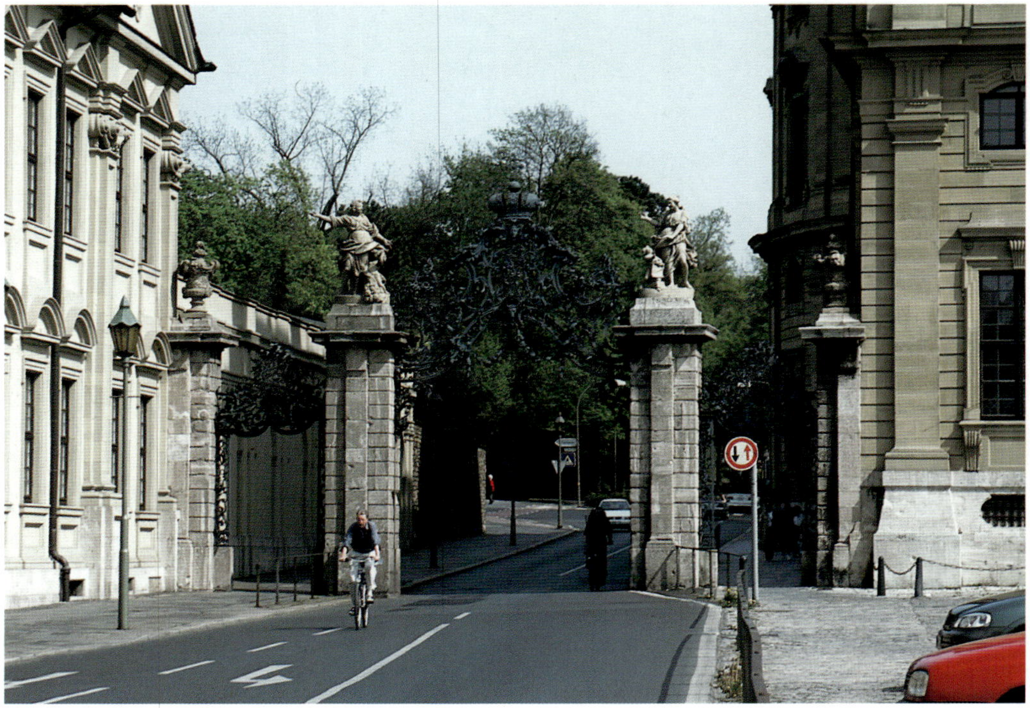

Neben dem Rennweg links befindet sich die Staatliche Hofkellerei.

Ausschnitt aus dem Deckengemälde des Treppenhauses der Residenz von Tiepolo.

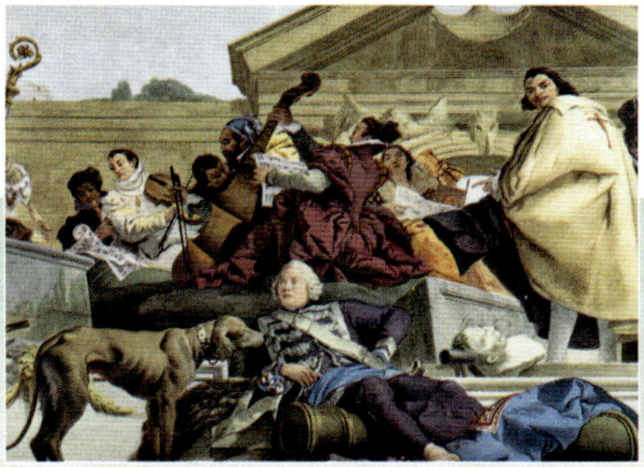

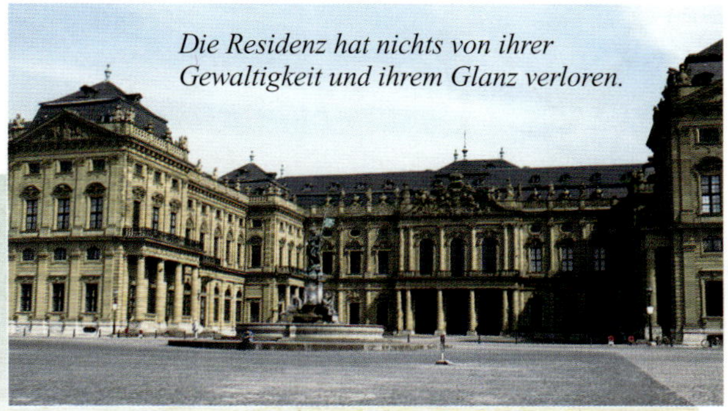

Die Residenz hat nichts von ihrer Gewaltigkeit und ihrem Glanz verloren.

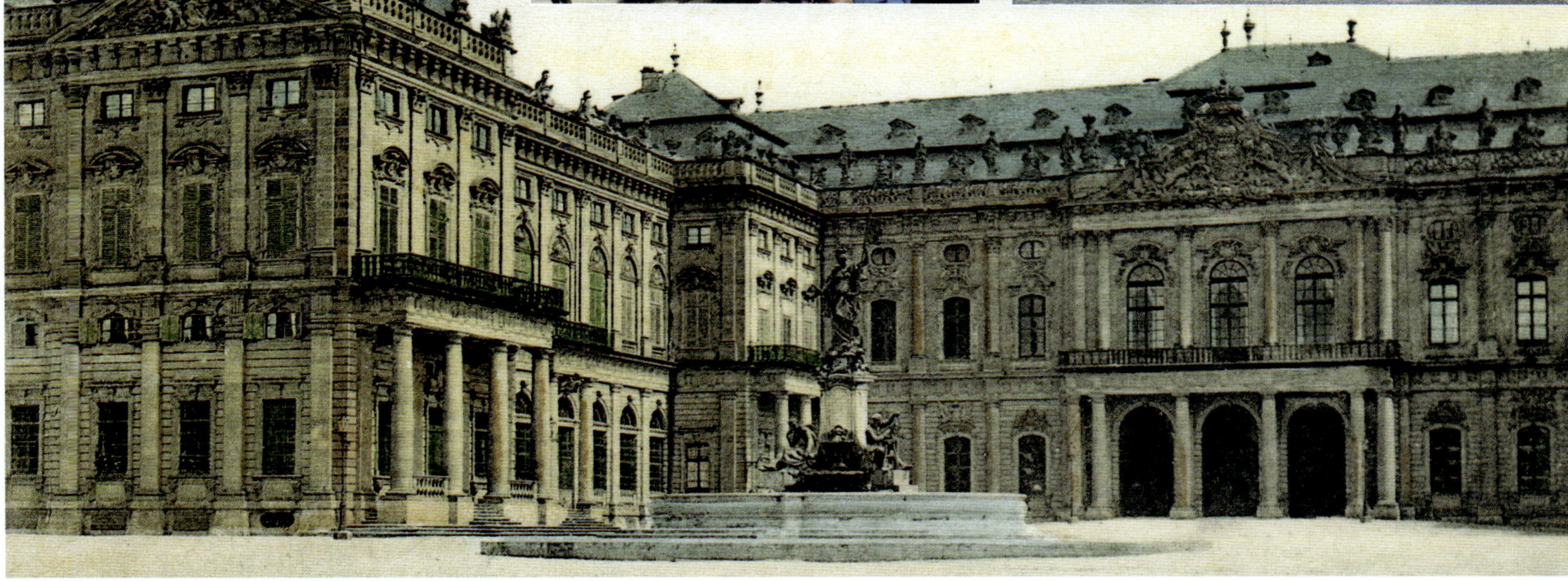

Die Residenz, das große Bauwerk von Balthasar Neumann mit dem Frankoniabrunnen.

Residenz

Die ehemals fürstbischöfliche Residenz ist in ihrer imponierenden Geschlossenheit der schönste Schlossbau des deutschen Barock. 1719 begann die Planung für den Bau der Residenz. Fürstbischof Johann Franz von Schönborn beauftragte den damals noch jungen und unbekannten 33-jährigen Architekten Balthasar Neumann mit der Residenzplanung. Balthasar Neumann, der 1687 in Eger geboren wurde, arbeitete seit 1711 als Glockengießer in Würzburg. Hier fand er den Weg zur Zivil- und Militärarchitektur.

Der Grundstein zum Bau der Residenz wurde 1720 am Nordoval gelegt. Den ersten Grundriss der Residenz, der die heutige Längenausdehnung von 167 m sowie den Ehrenhof und zwei Binnenhöfe besaß, fertigte Balthasar Neumann an. 1729 wurde mit der Ehrenhofseite des Südblocks begonnen. 1737 folgten der Nord- und Südbau durch die Ehrenhofrückwand. 1741 war die Gartenfront vollendet. Das Schloss bildet eine große hufeisenförmige Anlage mit einem Ehrenhof und vier kleinen Binnenhöfen. Der Bau ist viergeschossig. Über dem Erdgeschoss befindet sich das Hauptstockwerk mit der fürstlichen Wohnung. Im Mittelbau sind fünf große Räume untergebracht. Beim Besuch des Gartensaals fällt der Blick auf die frei stehenden Marmorsäulen sowie auf die 1750 ausgemalten Fresken von Johann Zick. Das Treppenhaus, Neumanns genialste Schöpfung, wurde 1742 erbaut. Das Muldengewölbe ist mit seinen Ausmaßen von 19 x 32 m bei 5 m Stichhöhe freihängend. Die Gemälde des Treppenhauses wurden vom venezianischen Maler Giovanni Battista Tiepolo angebracht. Der Künstler schuf auf der riesigen Fläche 1752–1753 das größte Gemälde der Welt. Die Darstellungen zeigen die vier Erdteile, Europa, Asien, Afrika und Amerika in den Vorstellungen der damaligen Zeit. Auf der Südseite ist Neumann in der Uniform eines Obersten zu sehen (Foto oben links). Im weißen Saal, der als Vorraum des Hauptsaals galt, wurden 1744 von Antonio Bossi Stuckdekorationen in mattem gebrochenem Weiß ohne Gold angebracht. Der sich anschließende Kaisersaal im Mittelbau der Gartenfront ist ein Höhepunkt der Residenz. Der Raum in gewölbter Form ist mit Wanddekorationen aus Stuckmarmor und achatfarbenen Dreiviertelsäulen versehen. Die Ausmalung des Gewölbes wurde von G. B. Tiepolo übernommen. Die Schmalseiten der Gewölbefelder wurden mit zwei Szenen der Geschichte Würzburgs belegt.

Die Malereien zeigen die Hochzeit Barbarossas mit Beatrix von Burgund aus dem Jahre 1156 sowie die Verleihung der fränkischen Herzogswürde durch Barbarossa an den Bischof von Würzburg 1168. In der Residenz sind die Kriegsschäden weitgehendst beseitigt. 1987 konnte das zerstörte Spiegelkabinett nach originalgetreuer Wiederherstellung der Öffentlichkeit übergebenen werden.

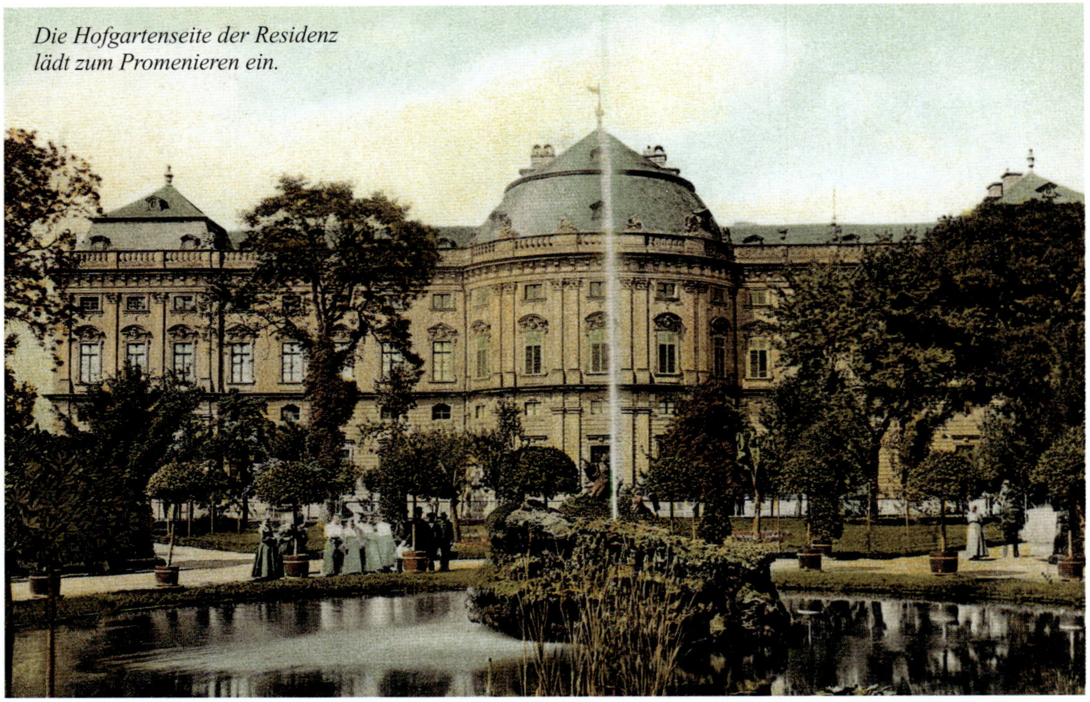

Die Hofgartenseite der Residenz lädt zum Promenieren ein.

Residenz – Hofgarten

Fürstbischof Adam Friedrich von Seinsheim (1755–1779) prägte in entscheidender Weise die Gestalt des Hofgartens der Würzburger Residenz. Die Pläne für die Bepflanzung der Terrassen und Wasserbecken stammen von Johann Mayer. Von der Südfront dehnt sich das geometrisch angelegte Gelände bis zur Orangerie aus. Die Hauptteile des Gartens sind Alleen, die an der Gartenfront des Schlosses vorbeiführen. Im Parterre zu Füßen des Kaisersaals befindet sich der so genannte Laubengang. Besondere Sehenswürdigkeiten im Hofgarten sind die verschiedenen Puttengruppen. Die Figuren „Raub der Europa“ und „Raub der Perephone“ stammen von Hofbildhauer Peter Wagner. Die Gittertore an den Ausgängen des Gartens schuf Hofschlosser Joh. Georg Oegg. Seit 1998 wird das Gelände des Würzburger Hofküchengartens rekonstruiert und wiederhergestellt.
Alle Jahre im Juni findet im Rahmen des Mozartfestes „die Kleine Nachtmusik“ im Hofgarten statt.

Ein gesellschaftlicher Höhepunkt in der damaligen Zeit war das Sonntagskonzert.

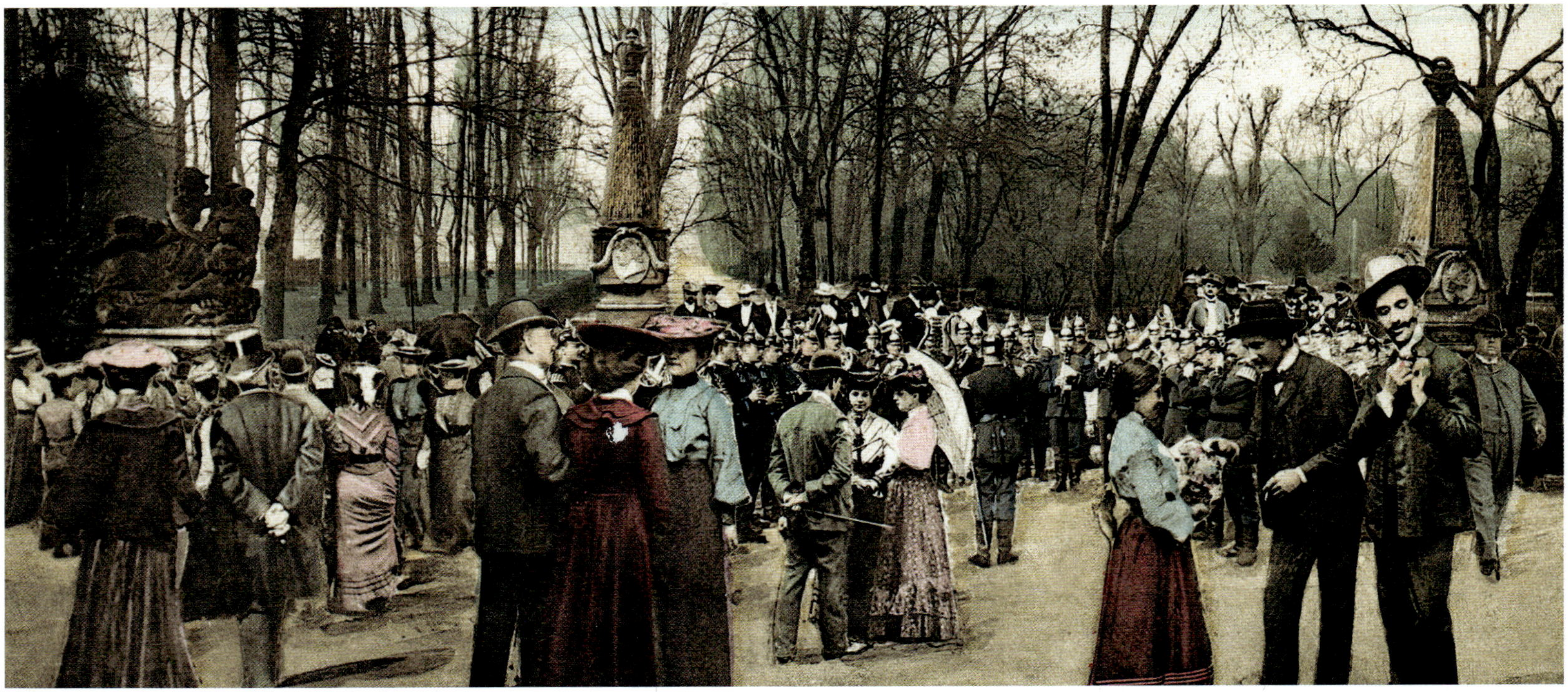

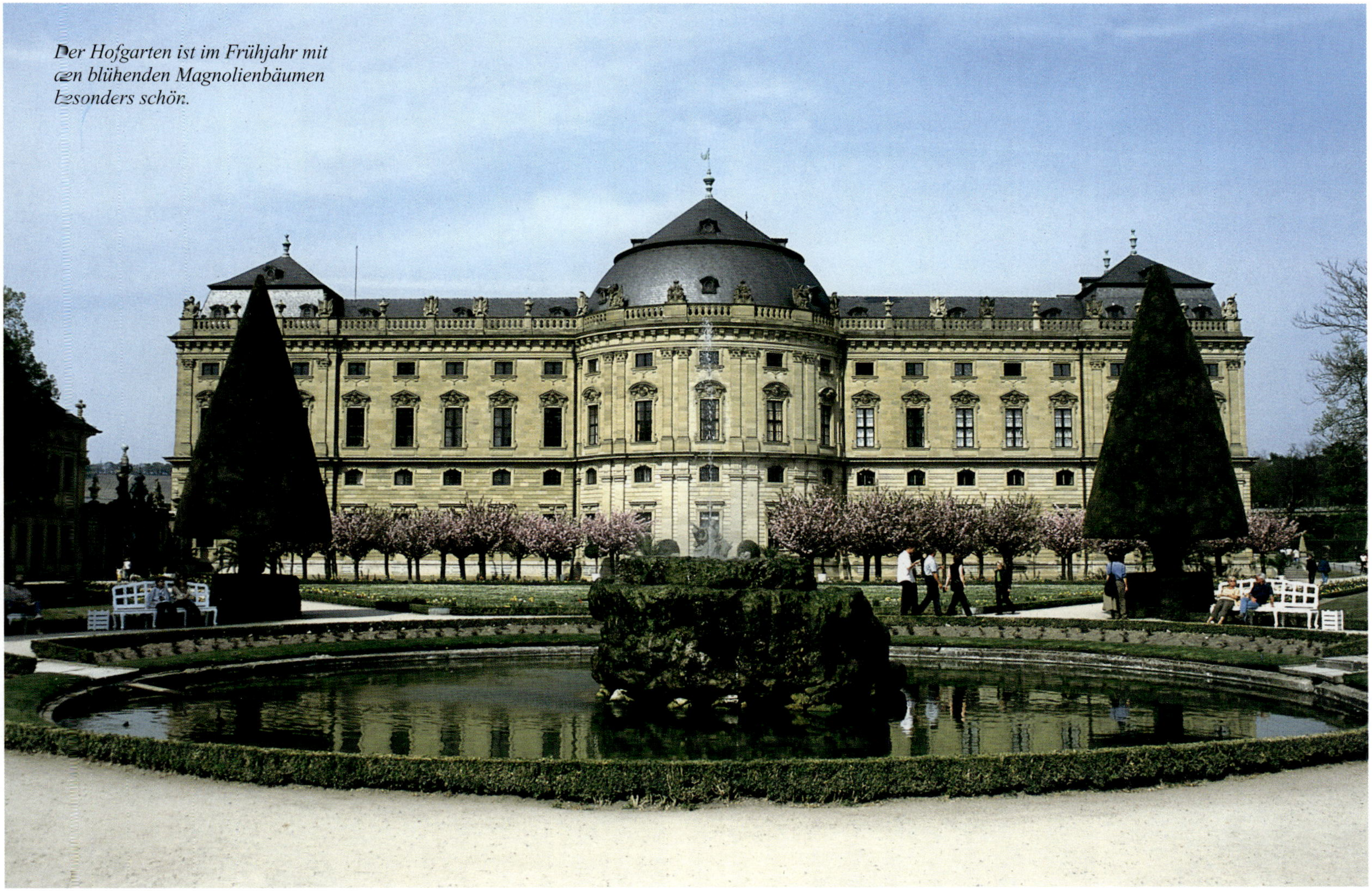

Der Hofgarten ist im Frühjahr mit den blühenden Magnolienbäumen besonders schön.

*„Hinter dem gewaltigen Schloß wartete ein Garten auf mich,
ein fürstlicher Garten mit jungem Grün an den Zweigen und vielen Singvögeln im Geäst.
Dort auszuruhen, dort auf einer Bank zu sitzen, mit geschlossenen Augen, den inneren
Bildern hingeben, in den Ohren das dünne, blitzende Tönenetz der vielen Singvogelstimmen,
auf den Knien die warme Sonne, ausruhen und zu vergessen, in welcher Stadt und in
welchem Jahrhundert ich hier denn sei ...“*

Textzeilen aus „Das Schöne Franken“ von Hermann Hesse, 1932

Kardinal-Döpfner-Platz – Bischöfliches Palais

Der Platz wurde nach Julius Döpfner benannt, der am 11. August 1948 zum Bischof von Würzburg ernannt wurde. Julius Döpfner wurde am 14. Oktober 1948 in der Neumünsterkirche zum Bischof geweiht. Der 35-jährige Döpfner war der jüngste Bischof der Welt. Weitere Lebensstationen waren 1957 Bischof von Berlin und 1961 Erzbischof von München und Freising.
Der Hof Conti mit dem Renaissance-Erker (Foto-Ansichtspostkarte unten) wurde um 1600 vom Domherrn Julius Echter von Mespelbrunn gebaut. Der Hof, einst im Besitz einer reichen Adelsfamilie, ist seit 1817 bischöfliches Palais. Am bischöflichen Palais sind alle Kriegsschäden beseitigt. Das Haus ist heute wieder Wohnung des Bischofs von Würzburg.

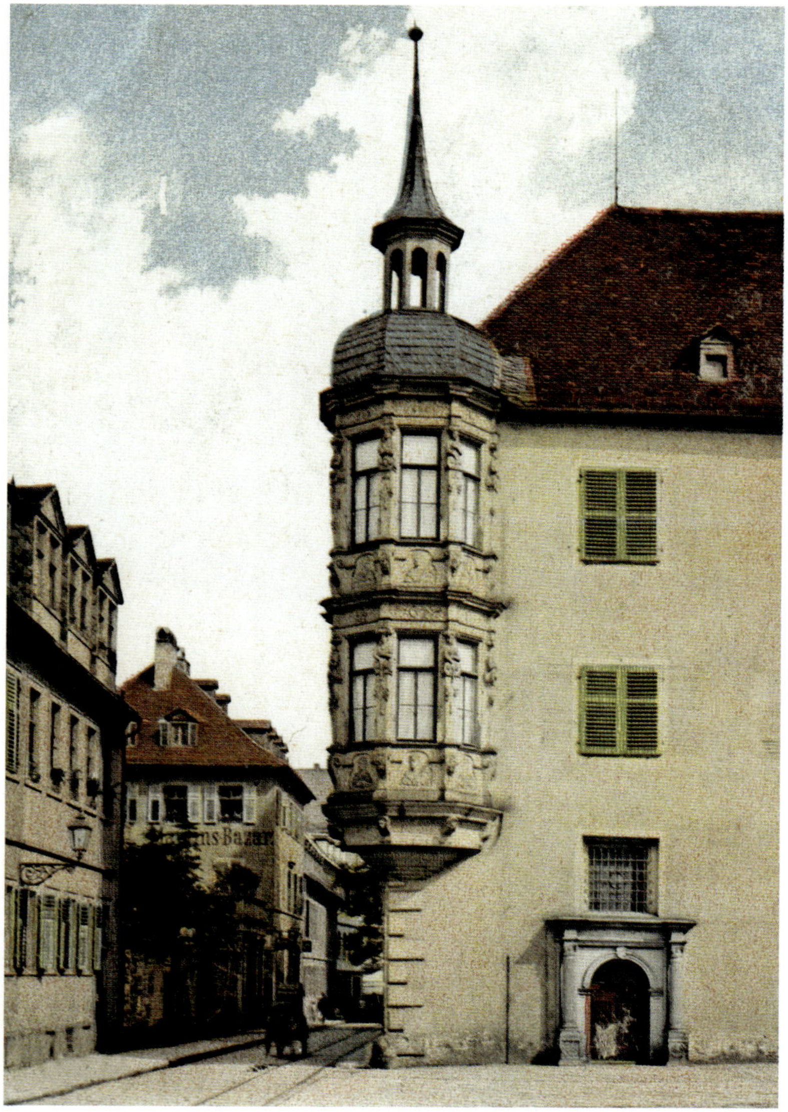

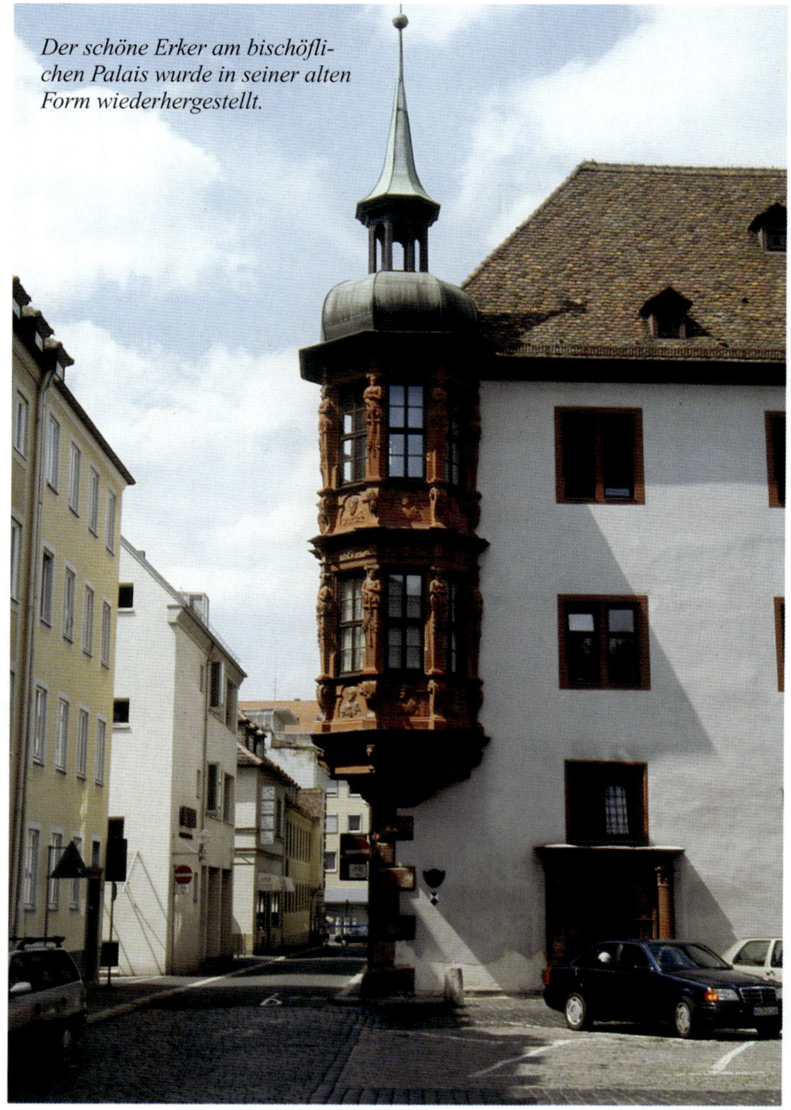

Der schöne Erker am bischöflichen Palais wurde in seiner alten Form wiederhergestellt.

„Würzburg,
ein Traum der Künste, in diesen Talkessel von südländischer Schönheit gezaubert.
Bürger und Fürstbischöfe, nach Schönheit sich sehnend, bauten die Häuser.
So erstand dies unsterbliche Bild.
Und da das Feuer es fraß, erscheint es um so berückender in unseren Träumen."

Leo Weismantel, 1947

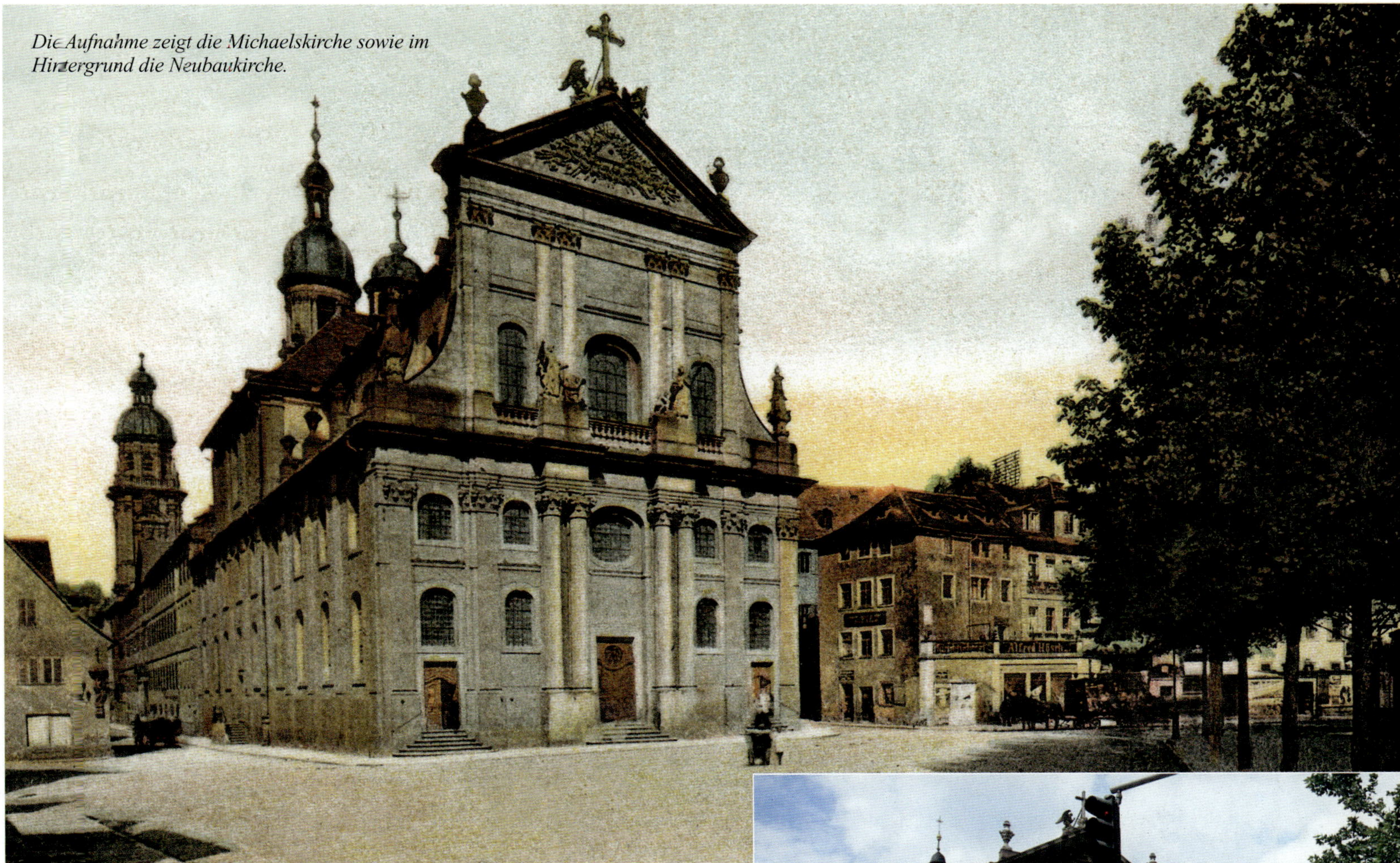

Die Aufnahme zeigt die Michaelskirche sowie im Hintergrund die Neubaukirche.

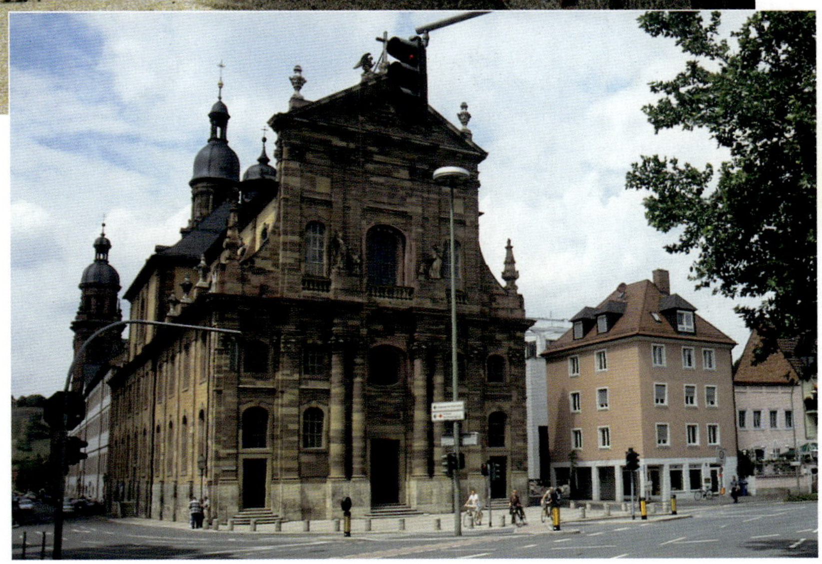

Die Michaelskirche ist komplett renoviert und dient heute als Seminarkirche.

Josef-Stangl-Platz - Kirche St. Michael

Benannt wurde der Platz nach Josef Stangl Bischof, von Würzburg vom 12.09.1957 bis 08.04.1979. Links des Platzes befindet sich die Neubaustraße sowie rechts die Domerschulstraße. In der Domerschulstraße Nr. 16 ist die Alte Universität und im Haus Nr. 18 das Priesterseminar untergebracht. Auf dem Josef-Stangl-Platz steht die Kirche Sankt Michael, die heute zum Priesterseminar der Diözese Würzburg gehört. Diese Kirche wurde ursprünglich 1765 bis 1768 durch Johann Philipp Geigel und Johann Michael Fischer für den Jesuitenorden gebaut. Nach totaler Zerstörung 1945 wurde die Kirche wieder aufgebaut und durch Gerhard Heinrich Bücker 1991 künstlerisch neu gestaltet. Der Innenraum zeigt Motive aus der Apokalypse.

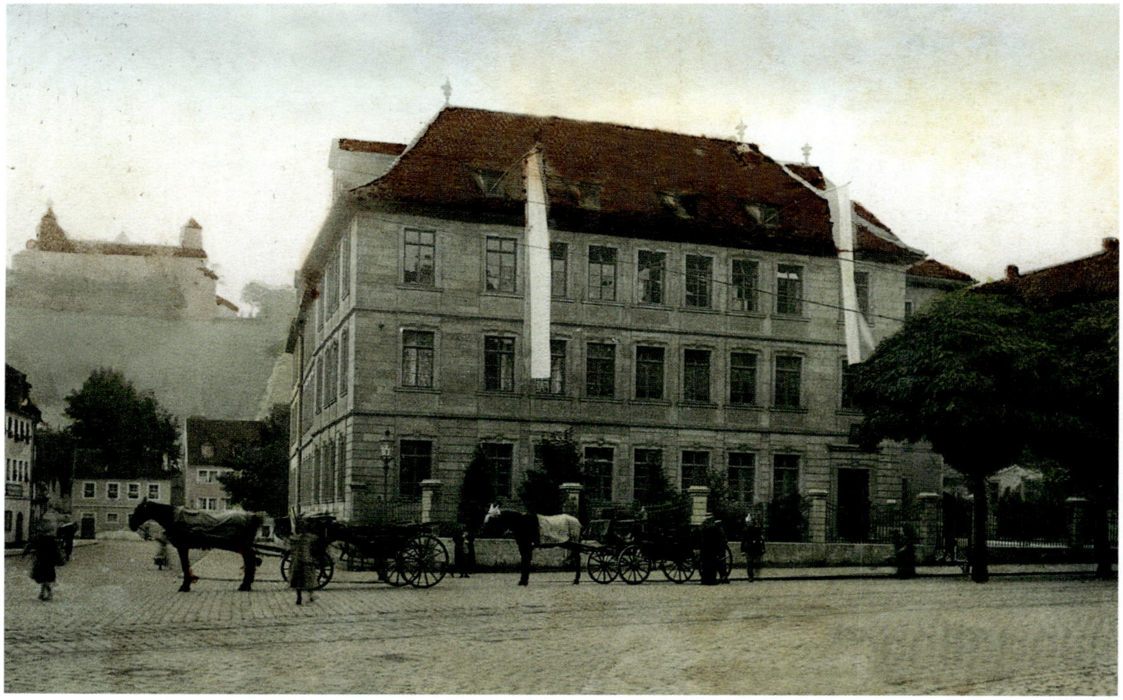

Das Augustinerkloster wurde 1945 total zerstört.

Das Polizeipräsidium steht heute auf diesem zentral gelegenen Platz.

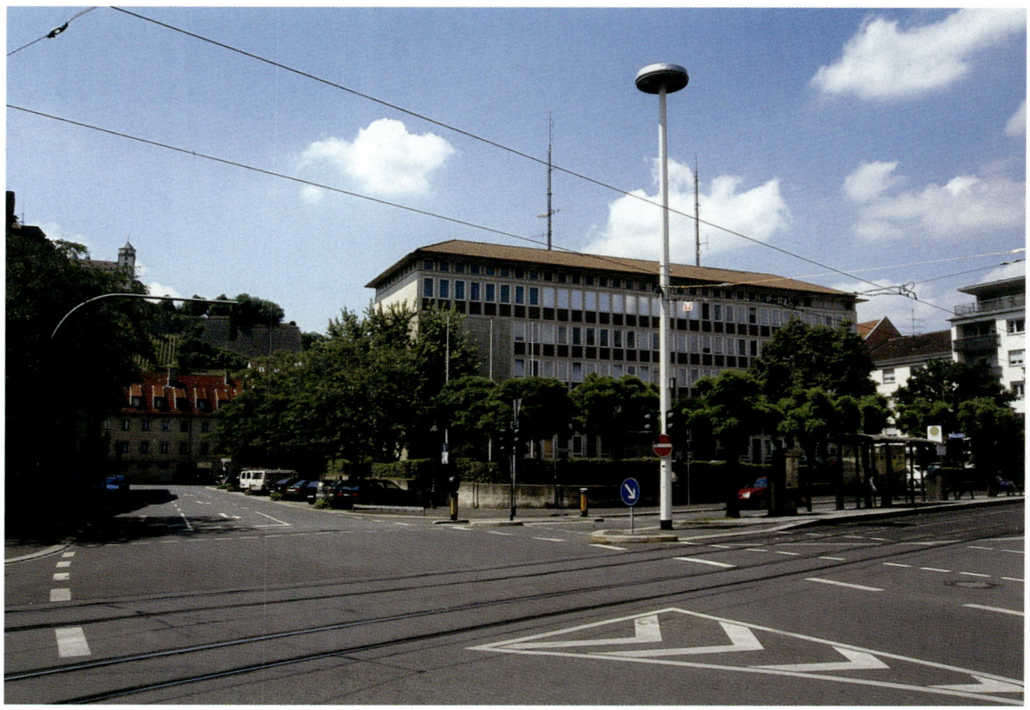

Ecke Wirsberg-/Augustinerstraße
Ehemaliges altes Gymnasium – heutiges Polizeipräsidium

An der Ecke Wirsberg-/Augustinerstraße auf dem Platz des heutigen Polizeipräsidiums stand bis zur Zerstörung 1945 das 1263 gegründete Augustinerkloster (Foto oben) mit der so genannten Ritterkapelle St. Georg. 1302 wurden Kirche und Kloster vollendet. 1518 weilte hier vom 18. bis 20. April auf dem Wege zur Heidelberger Disputation Martin Luther. 1813 zogen die Augustiner in das einstige Dominikanerkloster am Dominikanerplatz. 1829 siedelte das Gymnasium aus dem Universitätsgebäude in den Klosterbau über. Im ehemaligen Klostergarten, dem späteren Schulhof und heutigen Polizeihof, ist ein Pavillion, gebaut von Josef Greising am Anfang des Jahrhunderts, erhalten geblieben. Der Pavillon ist von der Wirsbergstraße einzusehen. In Verlängerung der Wirsbergstraße liegt die Neubaustraße mit den Barockhäusern. Nr. 10, das ehemalige Haus für den Hofwagner Köstner, Nr. 12, der ehemalige Hof zum Roten Hahn und Nr. 14, der ehemalige Hof zum Heuwagen. Nach der Zerstörung 1945 wurden die Häuser als Beitrag zum Denkmalschutzjahr durch die Stadt Würzburg 1975–1979 wieder aufgebaut.

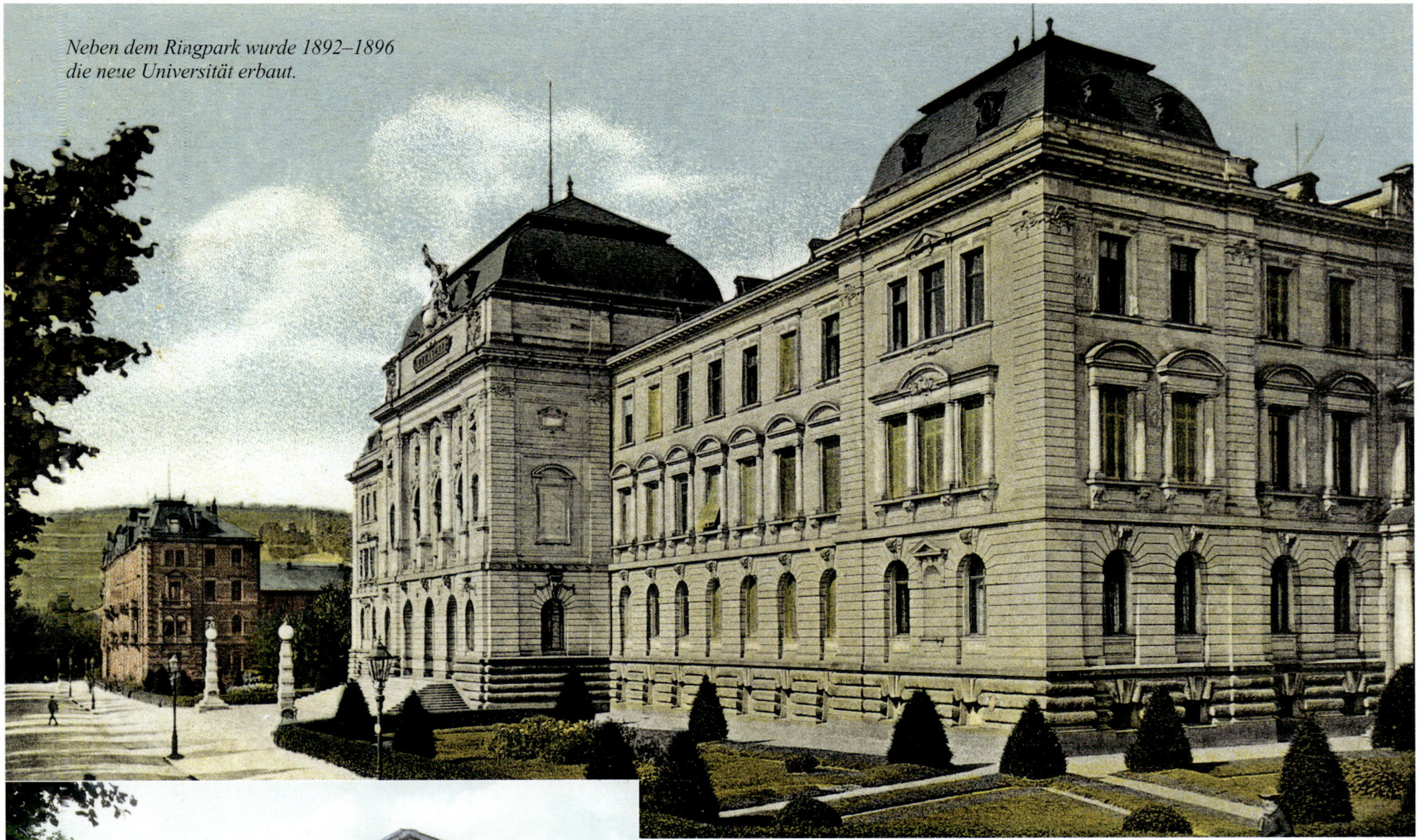

Neben dem Ringpark wurde 1892–1896 die neue Universität erbaut.

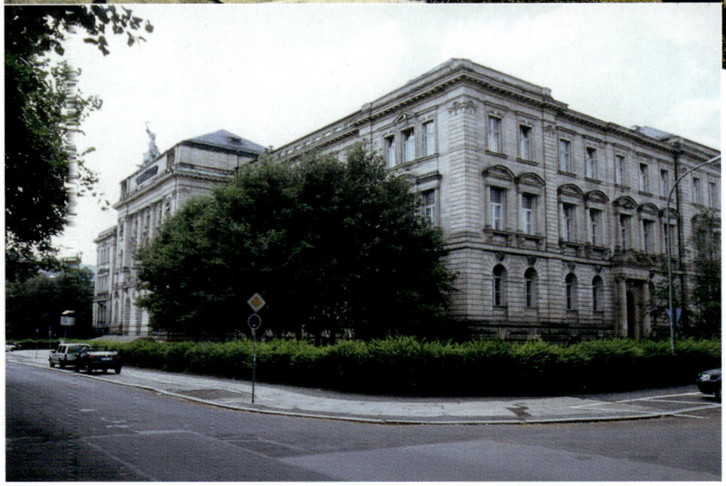

Die Universität am Sanderring wird heute noch zu Lehrzwecken genutzt.

Sanderring – Universität

Der Name Sanderring kommt von der 1057 erstmals erwähnten Vorstadt im Sand. Die Bezeichnung kommt von dem in der Gegend vorkommenden Sand, der vom Main angeschwemmt wurde. Am Sanderring erhebt sich das im Spätrenaissancestil erbaute Kollegiengebäude der neuen Universität. Das Gebäude wurde durch den Architekten von Horstig erbaut und 1896 bezogen. Der ca. 100 Meter lange Hauptbau aus gelblich-weißem Sandstein wurde außen im Stil der Spätrenaissance, im Innern ins Barock und Rokoko übergehend, errichtet. Die über dem Mittelbau stehende Figur zeigt den Licht bringenden Prometheus über der Inschrift „VERITATI“ (= Die Wahrheit): Luftig hell, geräumig und bis ins Detail zweckmäßig eingerichtet erschienen die Hörsäle. Die Baukosten des Universitätsbaues, der 1892 begonnen und 1896 fertiggestellt wurde, betrugen ca. 900 000 Mark. Das Universitätsgebäude ist heute noch in einem guten baulichen Zustand. Im weiteren Verlauf der Straße, zwischen der Universität und dem Justizgebäude, das 1890 erbaut wurde, befindet sich der Geschwister-Scholl-Platz. Auf dem Platz steht ein Denkmal, errichtet 1862, das an den Würzburger Gelehrten und Japanforscher Philipp Franz von Siebold erinnert.

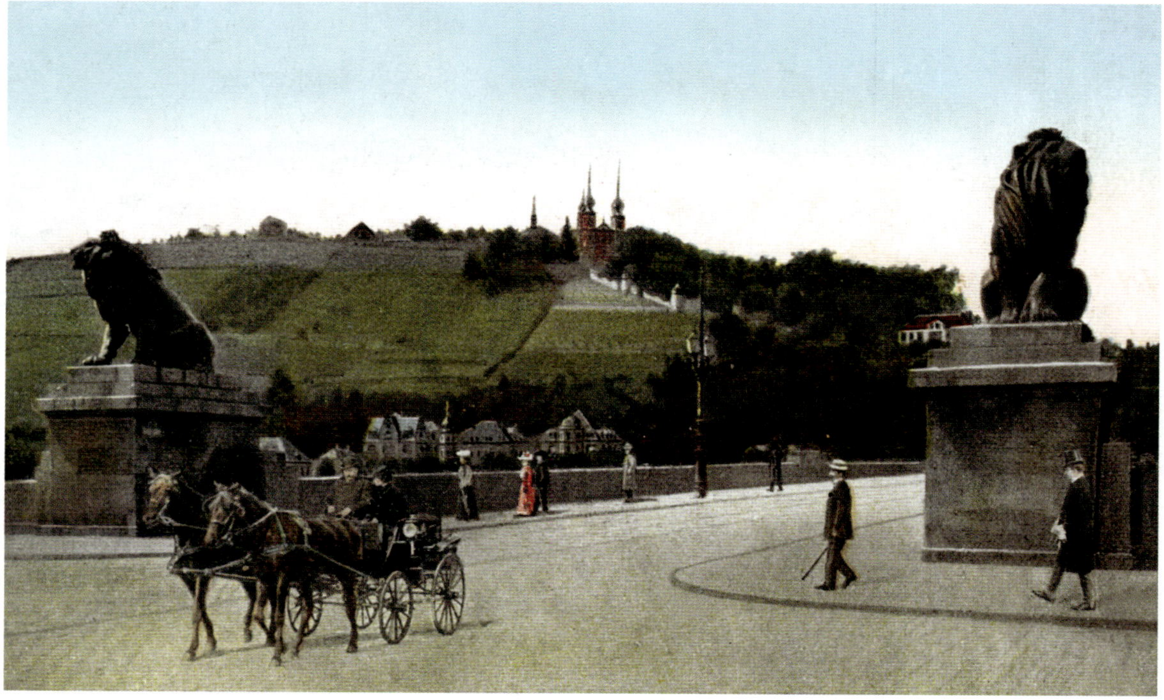

Einst fuhr man mit der Pferdedroschke von einem Stadtteil zum anderen.

Blick zur Ludwigsbrücke mit dem Käppele am Nikolausberg.

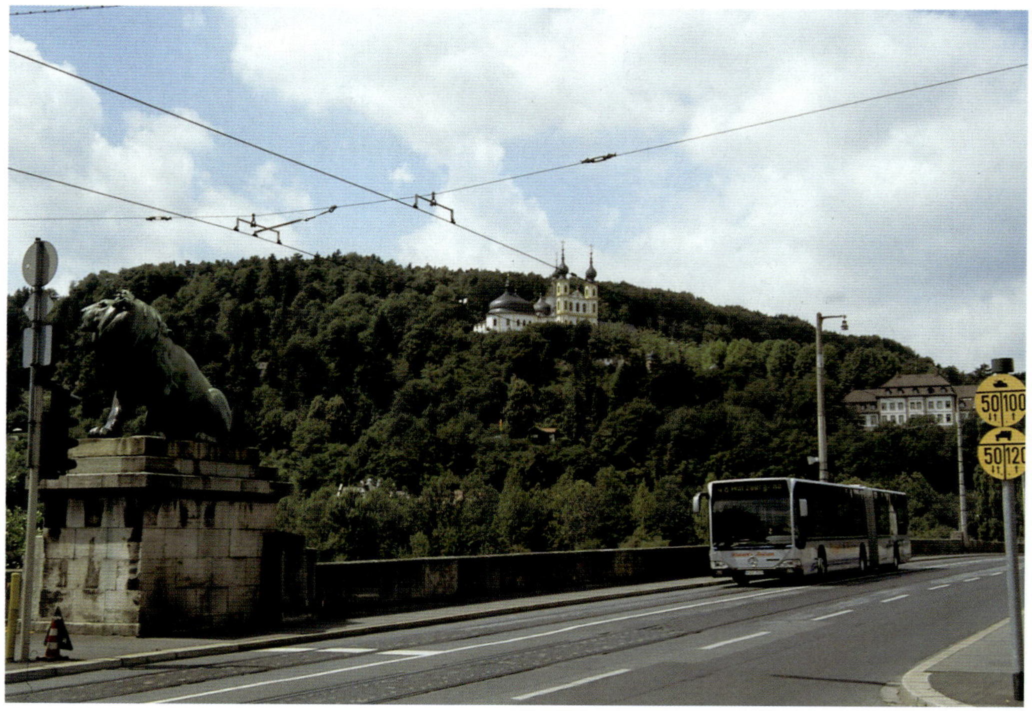

Ludwigsbrücke

Die Brücke führt vom Sanderring über den Main zur Mergentheimer Straße. Am 25. August 1895 wurde die Brücke in Anwesenheit von Prinzregent Luitpold von Bayern eingeweiht. Ihre Gestalt verdankt sie eines im Februar 1891 eingereichten Entwurfs von Oberingenieur Lauter der Firma Holzmann aus Frankfurt am Main. Die Brücke hat eine Spannweite von 36 Metern. Die Auffahrten wurden jeweils mit zwei Löwenfiguren und Obelisken bestückt. Die vier Löwenfiguren aus Bronze wurden von der Erzgießerei Ferdinand von Miller aus München hergestellt. Die Ludwigsbrücke (Löwenbrücke) ist heute Verbindungsstraße zwischen den beiden Mainseiten. Über die Brücke führt heute eine Hauptverkehrsader der Linien 3 und 5 der Würzburger Straßenbahn.

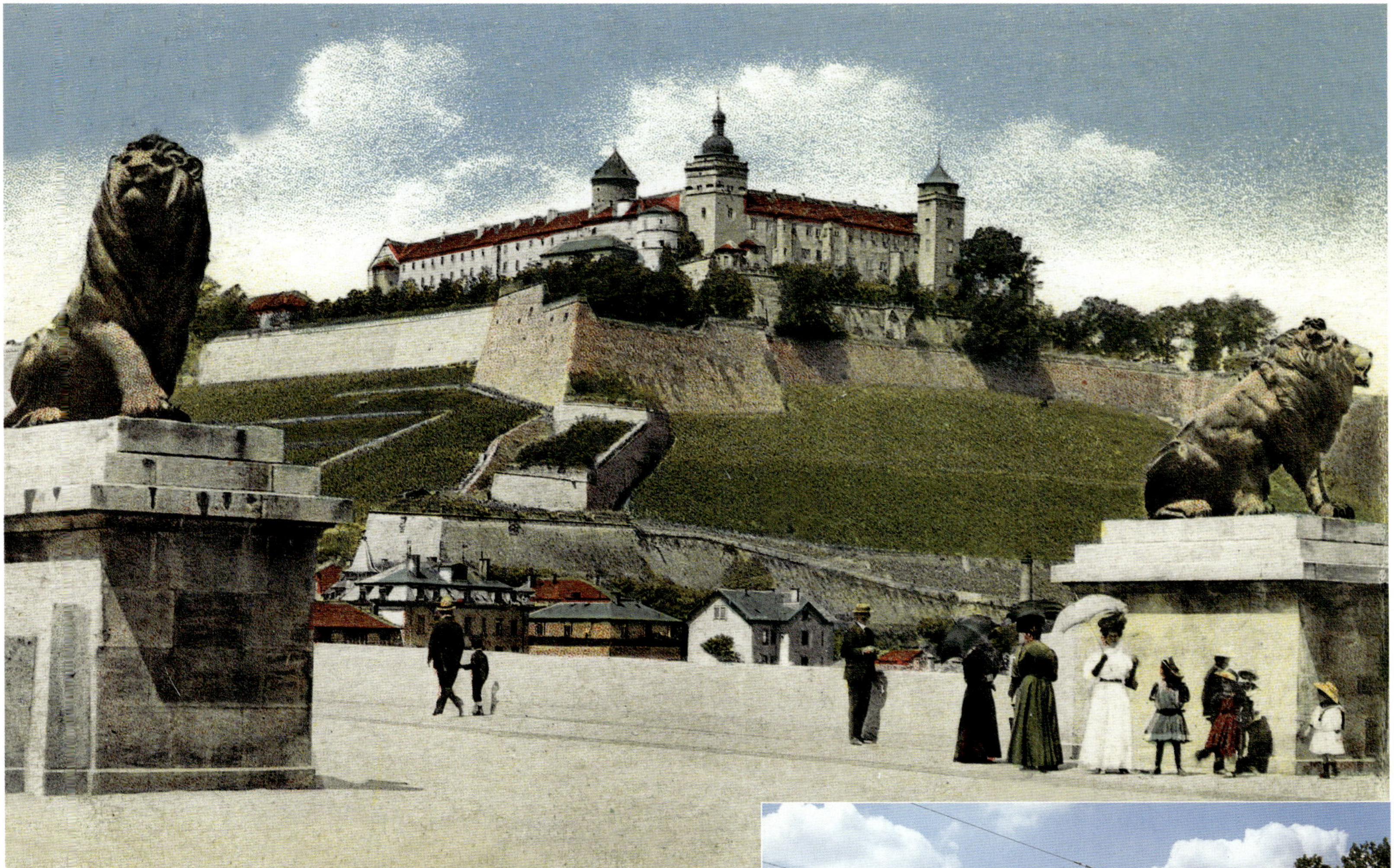

Die Ludwigsbrücke benannt nach König Ludwig III., dem letzten bayerischen König (1913–1918).

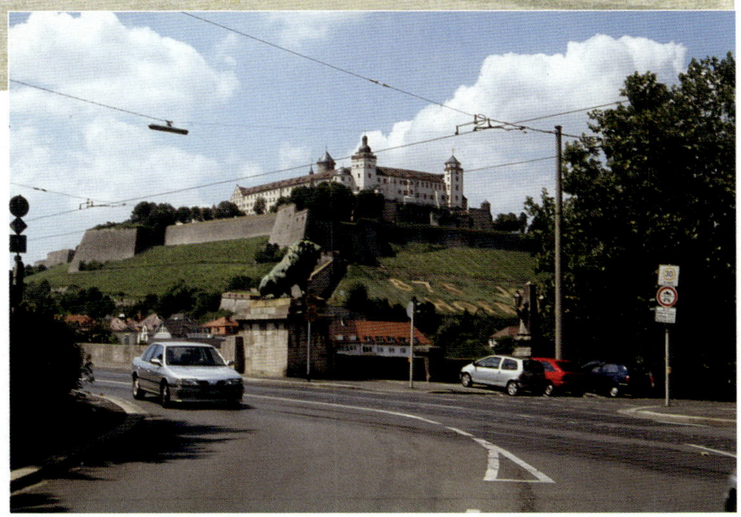

Blick auf die Brücke, im Volksmund auch Löwenbrücke genannt, mit Festungsansicht.

Käppele

Die Wallfahrtskirche „Käppele“ (Foto unten) wurde von Balthasar Neumann als Anbau an eine 100 Jahre ältere kleine Gnadenkapelle gebaut. Der Innenraum mit der beherrschenden Kuppel, von gedoppelten Säulen gerahmt, und kreuzförmig angeordneten Seitenräumen, spiegelt die unverwechselbare Handschrift Balthasar Neumanns wider. Das farbenprächtige Deckengemälde im Hauptraum wurde 1752 von dem Freskomaler Matthäus Günther aus Augsburg gestaltet. Die Stuckaturen, fantastisches, überschäumendes Muschelwerk, wurden vom Wessobrunner Stuckateur Feuchtmayer erstellt. Die Seitenaltäre wurden 1768 und der klassizistische Hochaltar 1799 vom Bildhauer Georg Winterstein errichtet. Kühler als die Ausstattung des Hauptraumes ist die später angepasste Dekoration der Gnadenkapelle. Die Stuckaturen in der Art des Materno Bossi entstanden um 1780, das Deckengemälde ist ein Werk von Matthäus Günther aus dem Jahre 1781.
Das Käppele auf dem Nikolausberg wird seit 1747 von den Kapuzinern betreut.

Der Stationsweg (Foto oben rechts) wurde in den Jahren 1761 bis 1799 nach Plänen des Hofbildhauers Peter Wagner errichtet. Die kleinen Originalmodelle des Entwurfs befinden sich heute im Mainfränkischen Museum.
14 kleine Kapellen mit lebensgroßen Figurengruppen zeigen den Kreuzweg und führen mit 252 Stufen zum Käppele hinauf. Der Stationsweg ist der schönste und größte Deutschlands.
Das Käppele und der Stationsweg blieben ohne nennenswerte Kriegsschäden.
Die Terrasse der Wallfahrtskirche bietet einen sehr schönen Blick auf die Stadt Würzburg und die umliegenden Weinberge.

Das Käppele, erbaut 1747–1750 von Balthasar Neumann, mit dem noch recht kahlen Nikolausberg.

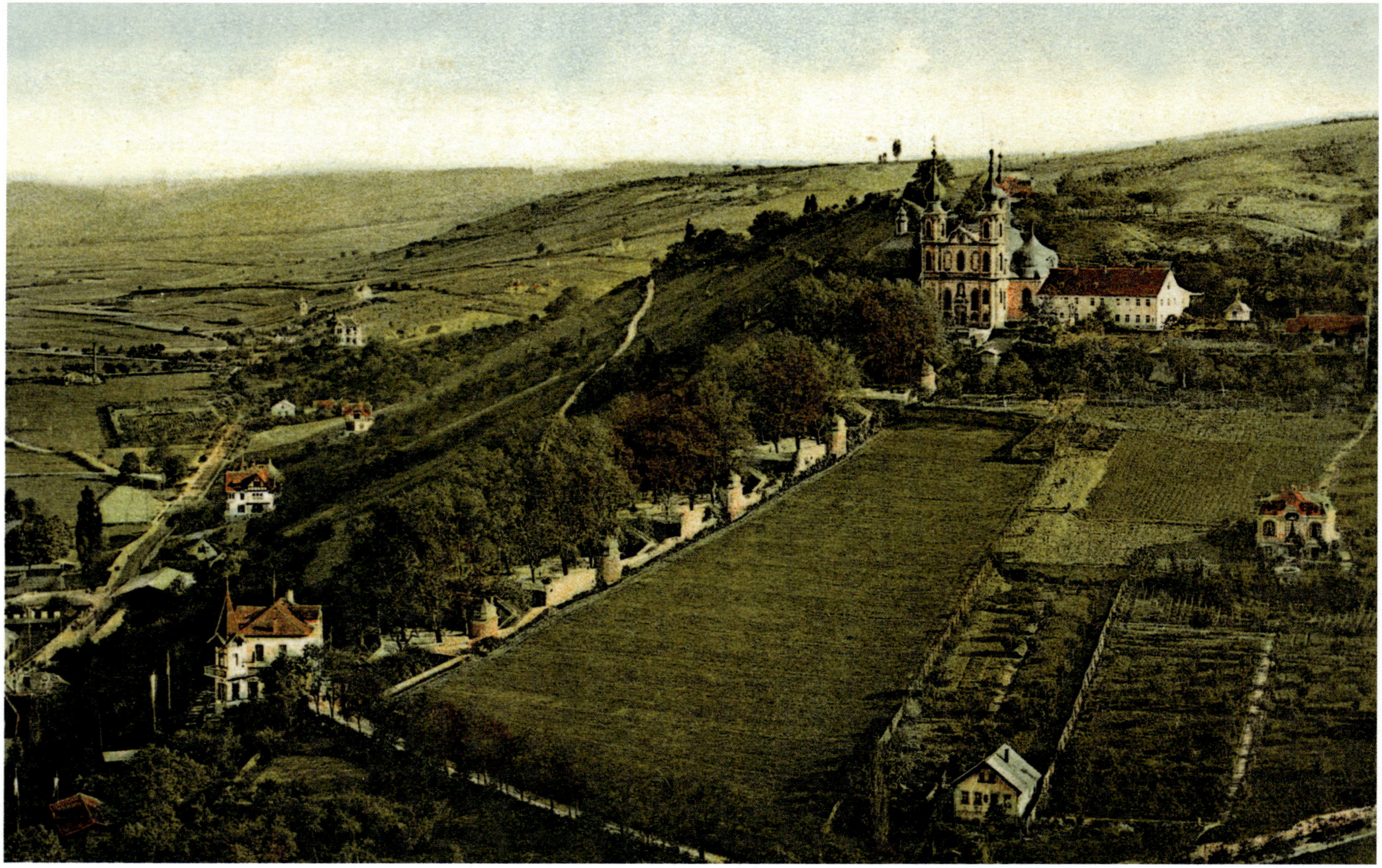

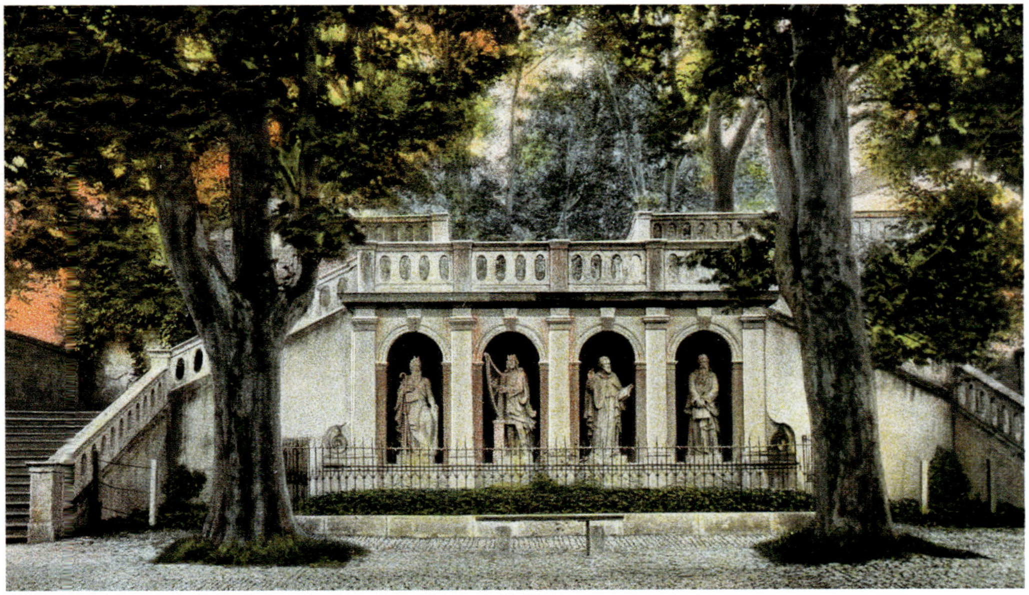

Ansicht des Aufgangs zum Käppele mit dem Stationsweg, geschaffen von Peter Wagner.

Früh steigt die Stadt aus silbernen Nebel,
und mittags sinken berauscht die Farben ihrer Wälder
über sie hin ...
In weißer Unberührtheit steht das fromme Käppele in-
mitten aller Gluten.

Ausschnitt aus dem Roman „Antlitz im Zwielicht“ von Toni Schwabe, 1949.

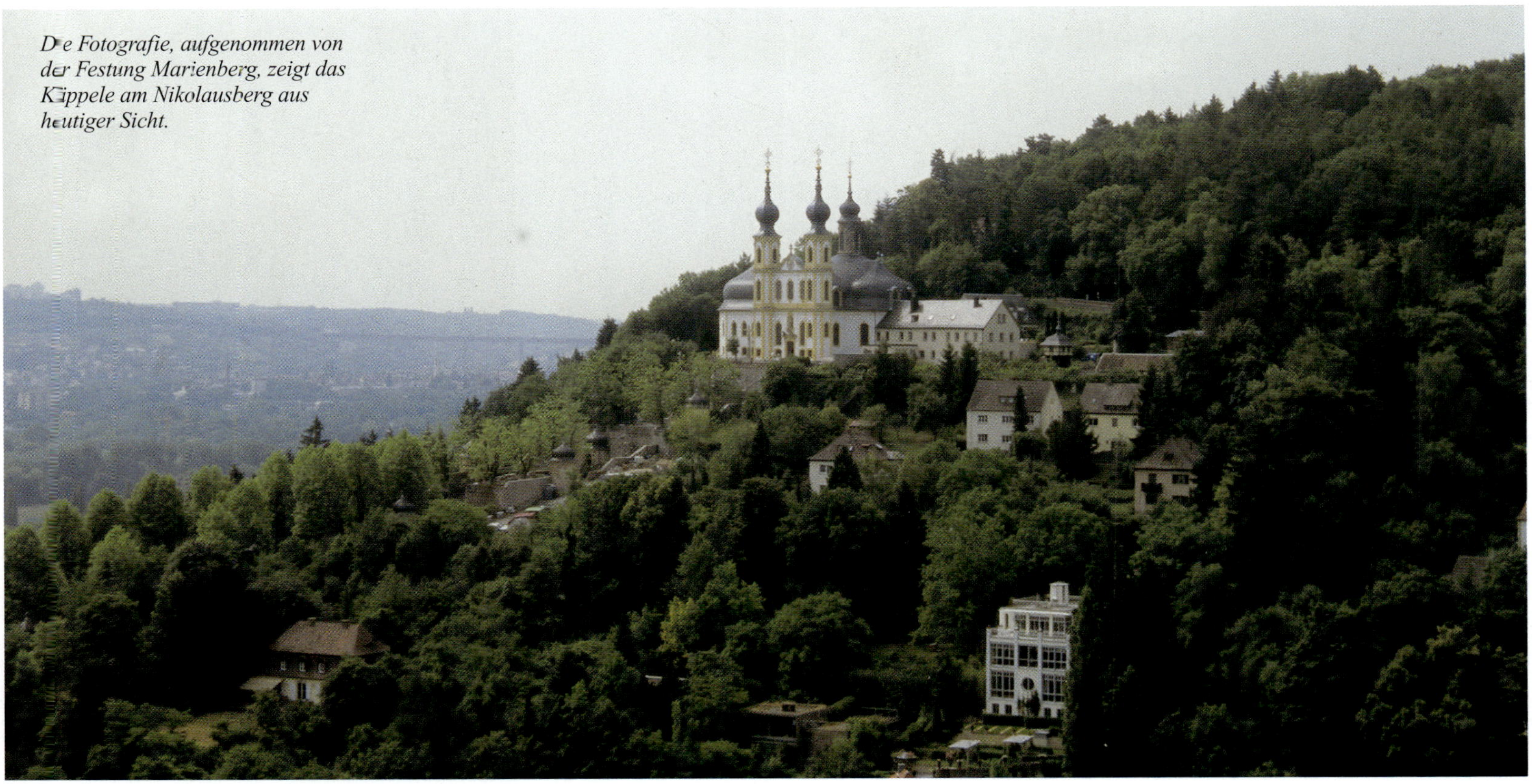

Die Fotografie, aufgenommen von der Festung Marienberg, zeigt das Käppele am Nikolausberg aus heutiger Sicht.

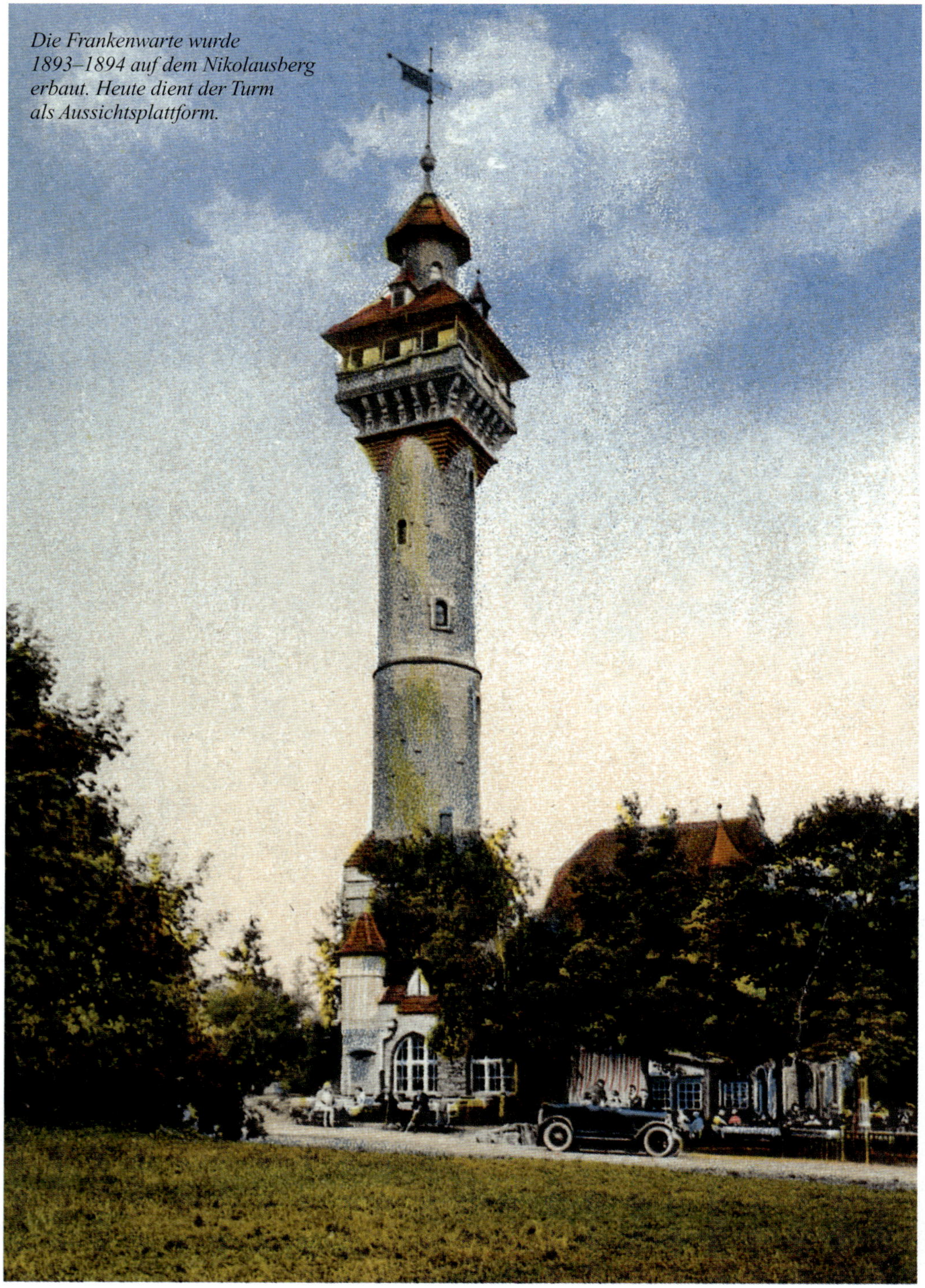

Die Frankenwarte wurde 1893–1894 auf dem Nikolausberg erbaut. Heute dient der Turm als Aussichtsplattform.

Frankenwarte

Über den Leutfresserweg kommt man zur Frankenwarte, dem Aussichtsturm auf dem Nikolausberg. Der Name Leutfresserweg kommt von den dortigen Steinbrüchen und dem Hohlweg. Der Weg zu den Steinbrüchen musste in Stein gehauen werden. Sowohl in den Steinbrüchen als auch auf dem Weg sind viele Arbeiter verunglückt. Hierdurch leitet sich der Name Leutfresserweg ab. Der Turm (Foto links) wurde auf Veranlassung des Verschönerungsvereins errichtet. Die Pläne für den Bau wurden 1893 vom Architekten Franz Ostberg angefertigt. Am 30. Mai 1894 wurde der 42 Meter hohe Turm der Öffentlichkeit übergeben. Das Bauwerk dient heute als Aussichtsturm. Von der oberen Plattform hat man einen weiten Blick bis in die Rhön. In früherer Zeit war hier auch ein Wirtschaftsbetrieb eingerichtet, in dem Wanderer gerne Einkehr hielten. Die Nebengebäude der Frankenwarte werden heute von einer politischen Stiftung genutzt. Der schön angelegte Park um den Turm lädt zum Spazieren ein. Wanderwege führen durch den Wald zum Käppele oder durch die Annaschlucht zum Steinbachtal.

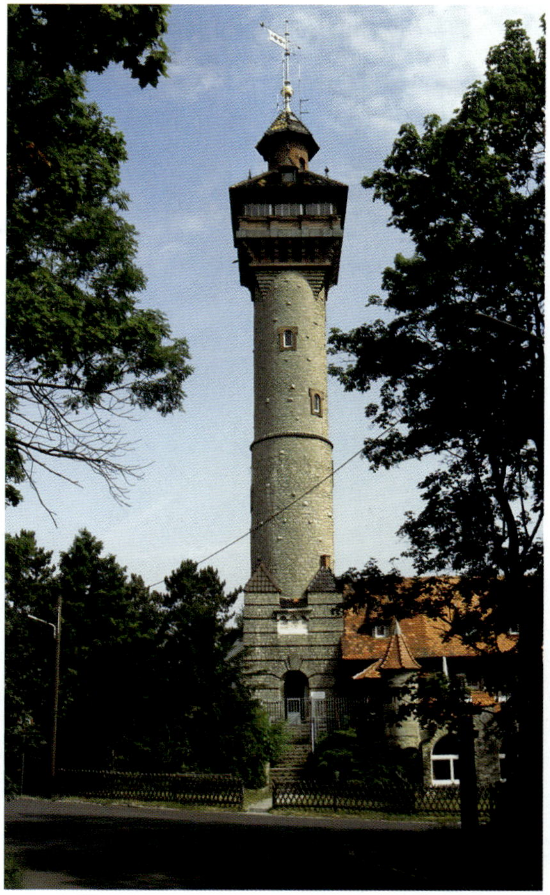

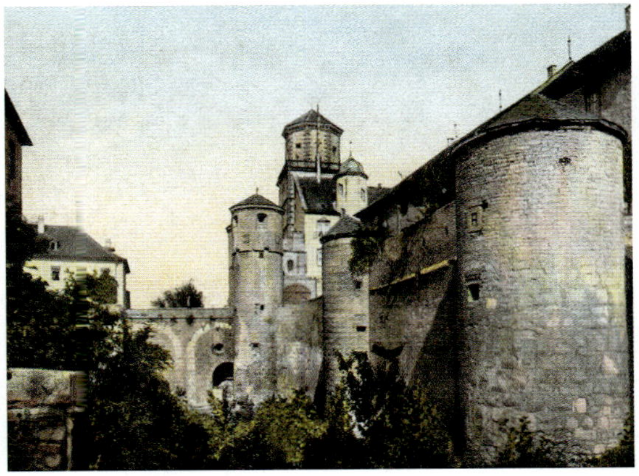

Die Festungsmauern hielten bis heute allen Kriegen stand.

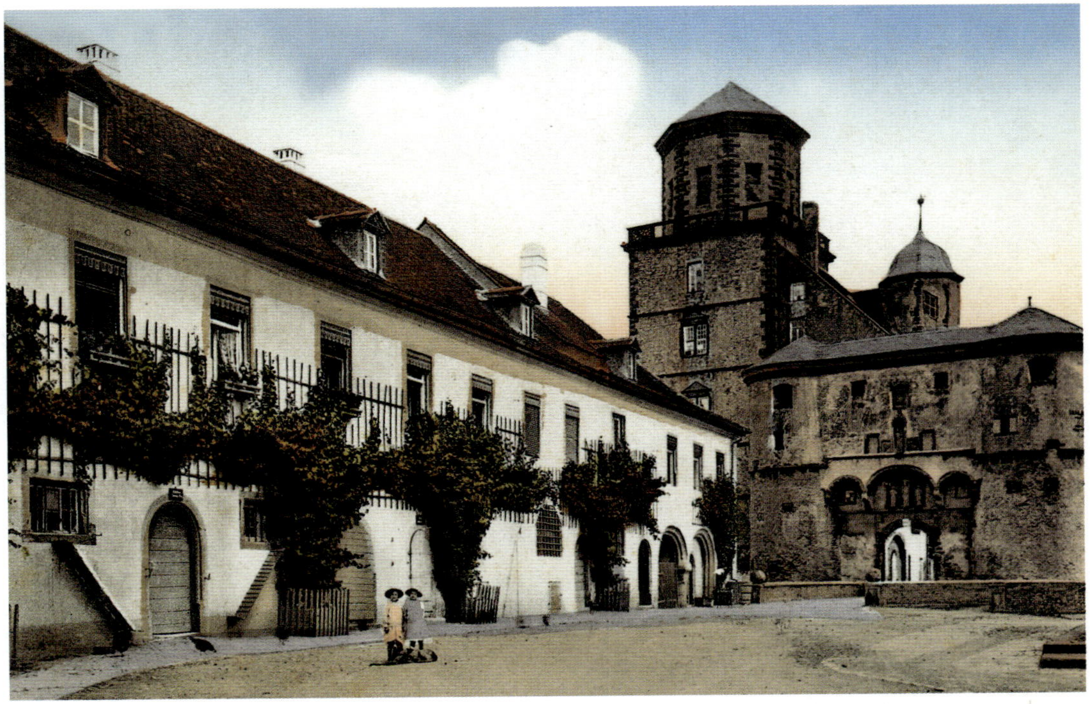

Die Festung mit dem 1482 erbauten Scherenbergtor.

Festung

1200 ließ Bischof Querfurt die landesherrliche Burg der mittelalterlichen Kaiserzeit erbauen. Die Geschichte der Burg geht allerdings zurück bis in das Jahr 1000 v. Chr. Die Marienkirche, eine der ältesten Kirchen Deutschlands, wurde 706 eingeweiht und steht neben dem Bergfried. 1308 wurde der Randersackererturm gebaut. Das 1482 erbaute Scherenbergtor (Foto oben) schließt den Hauptteil der Befestigungsanlage ab. Das heutige Aussehen prägte im Wesentlichen Julius Echter von Mespelbrunn, der die Burg im Renaissancestil umbauen ließ. Von 1253 bis 1720 war die Festung Residenz und Wohnung der Würzburger Fürstbischöfe. Im 19. Jahrhundert diente die Festung als Kaserne und nach dem Ersten Weltkrieg wurden Notwohnungen eingerichtet.
Heute ist die gesamte Anlage der Festung Marienberg in einem sehr guten baulichen Zustand. Auf dem Festungsgelände findet man das Mainfränkische Museum mit der Riemenschneiderausstellung. Die Festungsräume lassen sich im Fürstenbaumuseum besichtigen.

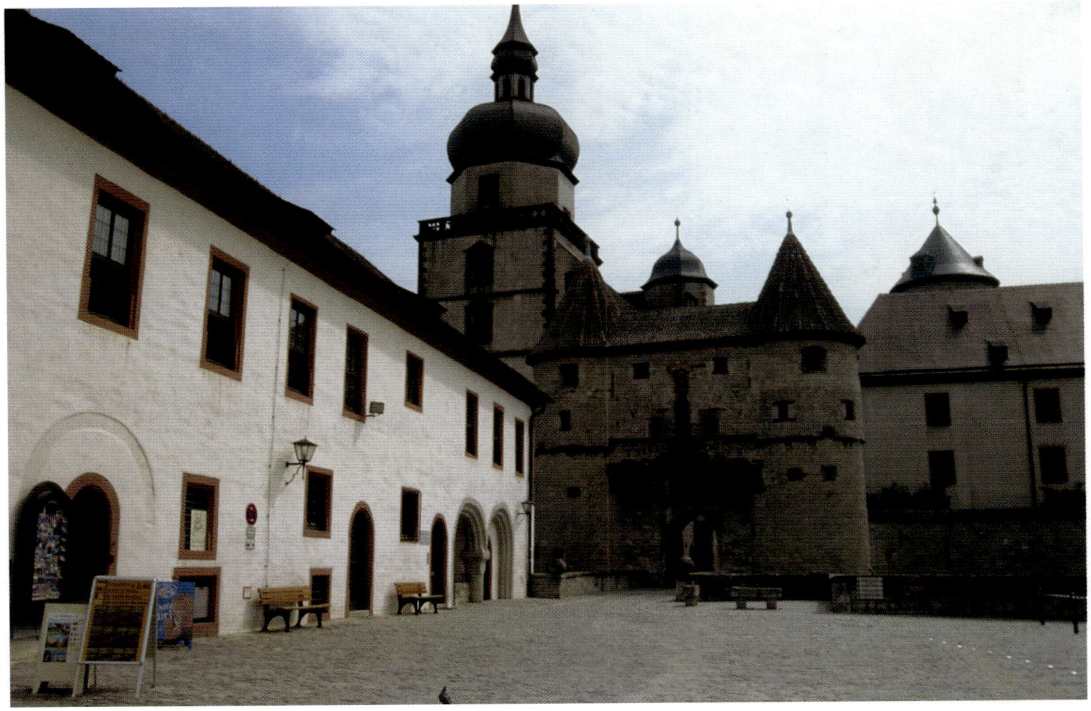

Die Festungsanlagen wurden in den letzten Jahrzehnten laufend renoviert. Die Festung ist heute ein Besuchermagnet.

Stadtpanorama

Die Gesichter der Stadt im Spiegel der Zeit.
Foto rechts: Alt-Würzburg um 1910

- Im Vordergrund steht die alte Mainbrücke
- Rechts sind die kleinen Häuser des oberen Mainkais zu sehen
- Links steht die alte Mainmühle
- In der Mitte im Hintergrund thront der Dom
- Der Turm mit der Uhr ist der Grafeneckartturm
- Das Haus davor mit dem kleinen Erker ist das neue Rathaus in der Karmelitenstraße

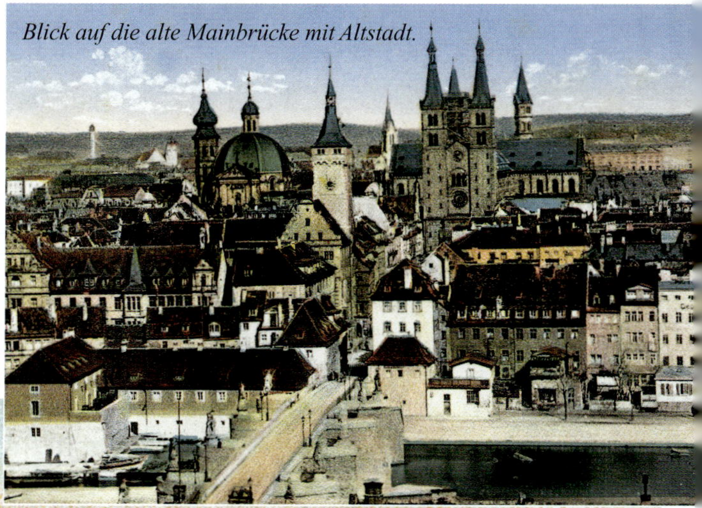

Blick auf die alte Mainbrücke mit Altstadt.

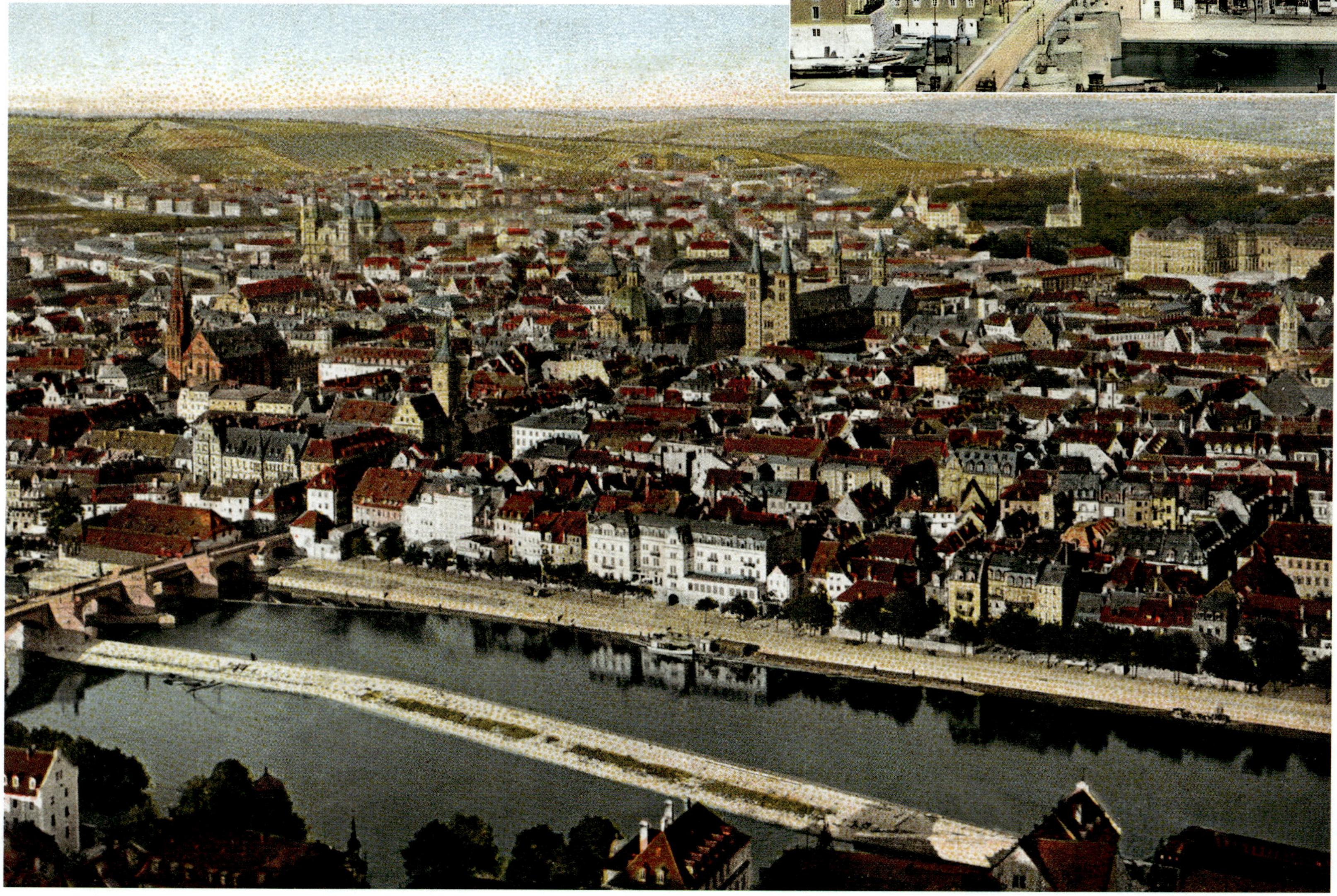

Gesamtansicht der Stadt Würzburg vor der Zerstörung im Jahre 1945.

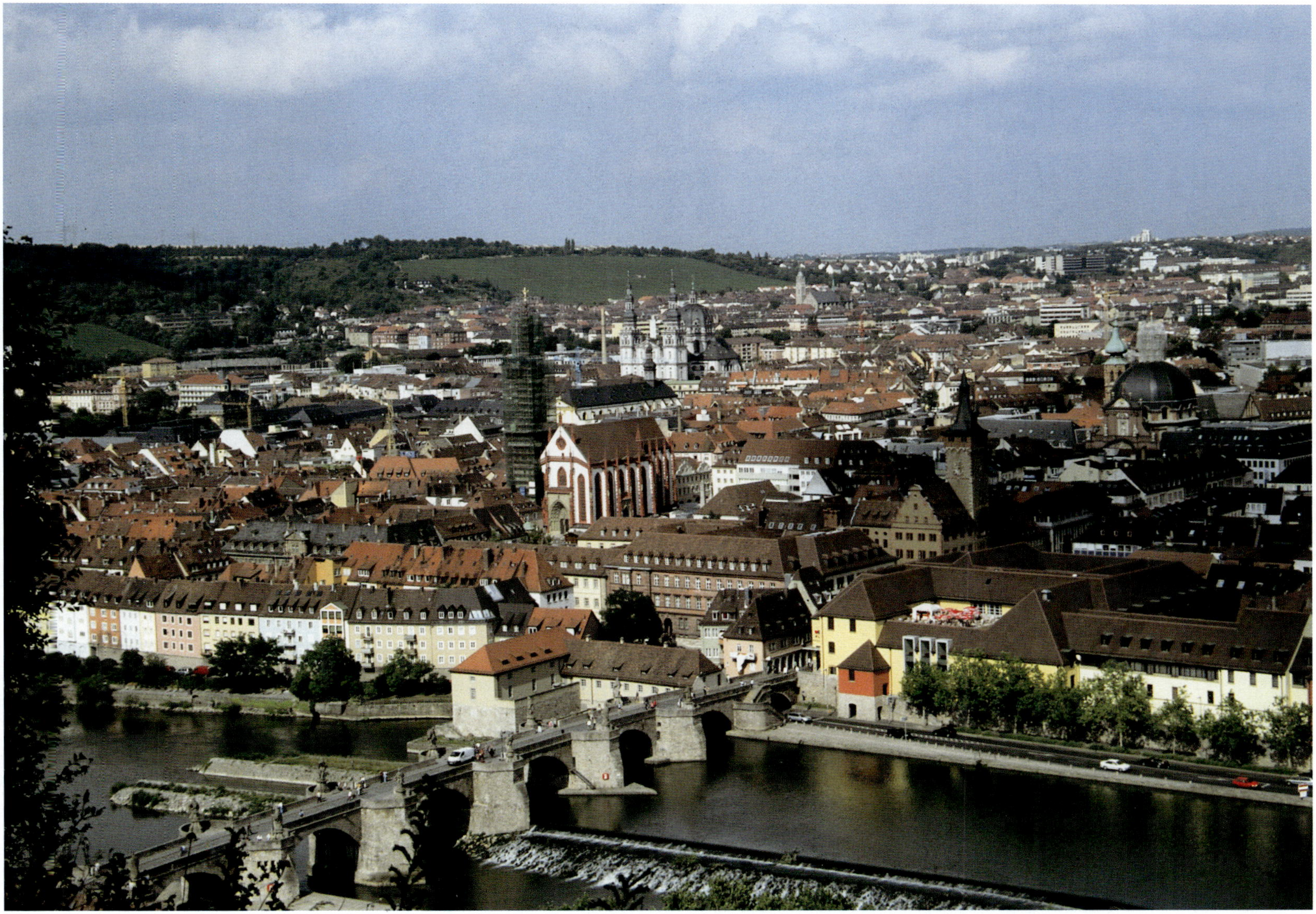

Foto oben: Würzburg heute

- Vorn links sieht man den Mainkai mit der Parkanlage
- In der Mitte der Aufnahme erkennt man die alte Mainbrücke
- Rechts vorn der obere Mainkai mit dem Kaufhausbau
- Der eingehüllte Turm links zeigt die Marienkapelle
- In der Mitte des Bildes ist der Rathauskomplex zu sehen

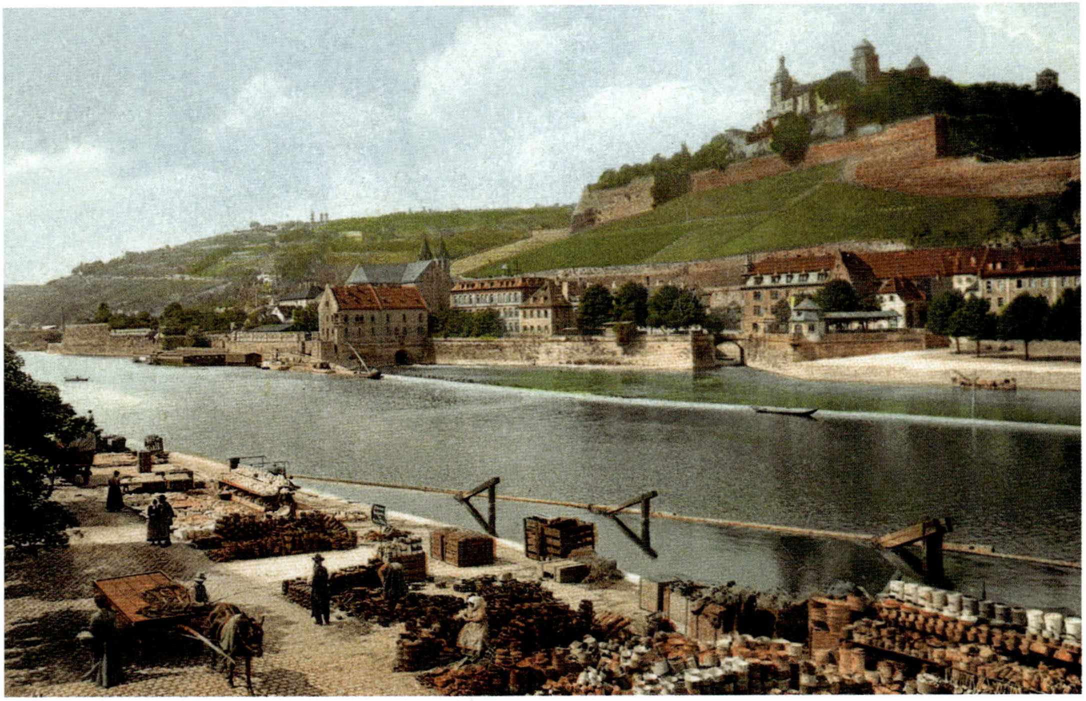

Mainviertel

Unterhalb der Festung liegt das Mainviertel mit sehr schönen Gassen und Winkeln. In der Spitalgasse und in den Felsengassen waren die Fischer zu Hause. Hier stand früher das Fischhaus „Zum Silbernen Karpfen“, das die alte Tradition des Lochfischers fortführte: Unweit der Felsengassen liegt die Saalgasse. Im Haus Nr. 6 ist heute die wieder erstandene Zunftstube der Fischerzunft, die im Jahr 1010 gegründet wurde, zu besichtigen.
Links (Foto links) ist die Kirche St. Burkard zu sehen. Nach dem ersten Würzburger Bischof 742–753 wurde die romanische Basilika benannt. Die Kirche wurde 1042 geweiht. Das spätgotische Querschiff mit Chor (ca. 1500) stellt ein markantes Kirchengebäude dar. Weitere Sehenswürdigkeiten sind das Kreuzigungsrelief aus dem 14. Jahrhundert sowie eine Madonnenbüste von Riemenschneider.
Im Vordergrund (Foto links) sieht man den Mainkai mit regem Markttreiben der damaligen Zeit. Heute befindet sich hier eine Verkehrsstraße.

Am Mainkai wurde früher der Häfelesmarkt abgehalten.

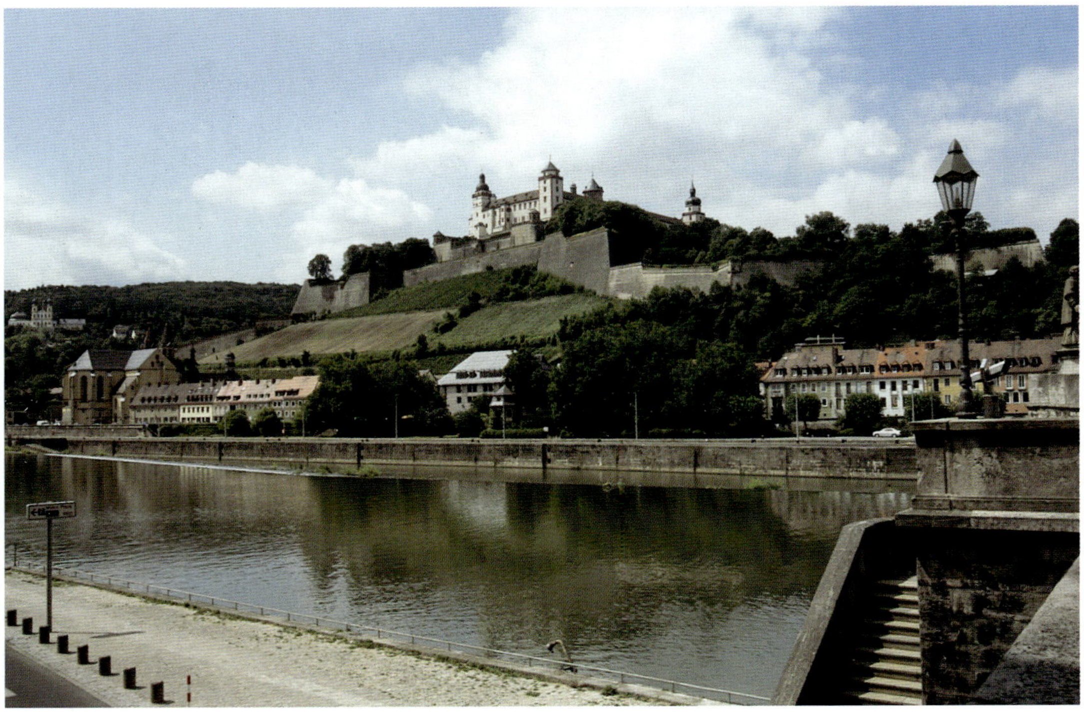

Blick von der alten Mainbrücke zum Mainviertel mit der Kirche St. Burkard.

Leonard-Frank-Promenade

Die Uferpromenade wurde dem Dichter und Schriftsteller Leonard Frank (1882–1961) gewidmet. Leonard Frank wurde als viertes Kind eines Schreinergesellen im Mainviertel in Würzburg geboren. Frank zog in die Welt und wurde Schriftsteller. Für sein Erstlingswerk „Die Räuberbande“, ein Roman, der im alten Würzburg spielt, erhielt er den Fontane-Preis. 1933 emigrierte Frank in die USA. 1950 kehrte er nach Würzburg zurück. In dem Roman „Die Jünger Jesu“ gedachte er der zerstörten Stadt Würzburg.
Auf der Ansichtspostkarte (Foto rechts) ist im Vordergrund das alte Kettenboot der – KBKS – (Königlich-Bayerischen-Kettenschiffahrt) zu sehen. Jedes Kettenboot war ein flacher Prahm ohne Kiel. Die Kettenschlepplinie begann bei Kostheim am Main und erreichte 1894 Würzburg. Da die Kettendampfer beim An- und Ablegen Signale von sich gaben, wurden sie im Volksmund „Meekuh“ oder „Mainkuh“ genannt. Heute ist die Leonard-Frank-Promenade eine gepflegte Uferanlage, an der Schiffe zur Rast anlegen.

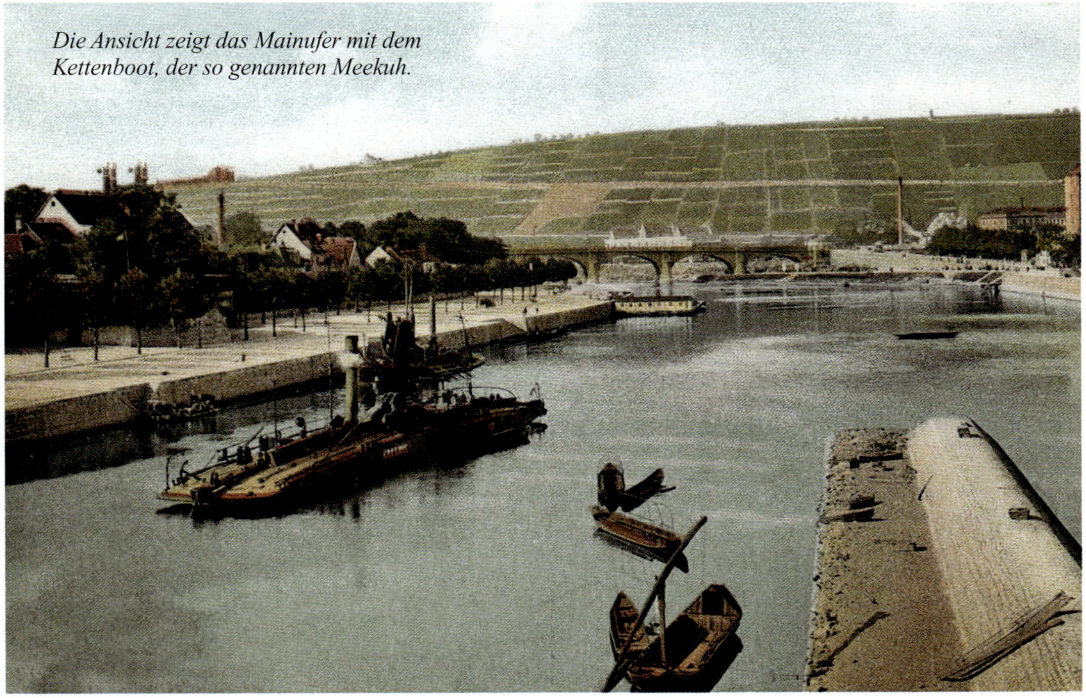
Die Ansicht zeigt das Mainufer mit dem Kettenboot, der so genannten Meekuh.

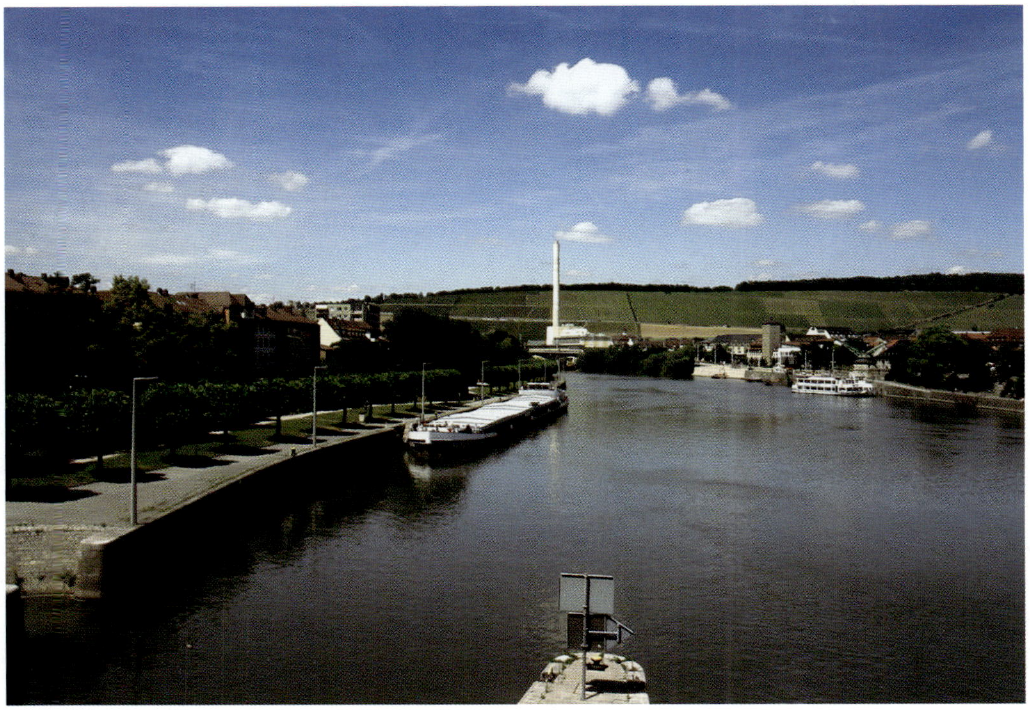
Ansicht von der alten Mainbrücke in Richtung Friedensbrücke.

Plötzlich rollten die Fuhrwerke unaufhörbar auf dem holprigen Pflaster, die Bürger gestikulierten, ihre Lippen bewegten sich – man hörte kein Laut, Luft und Häuser zitterten, denn die dreißig Kirchturmglocken von Würzburg läuteten zusammen zum Samstagabendgottesdienst. Und aus allen heraus tönte gewaltig und weittragend die große Glocke des Doms, behauptet sich bis zuletzt und verklang. Die Unterhaltung der Bürger und die Tritte einer Abteilung verstaubter Infanteristen, die über die alte Brücke marschierte, wurden wieder hörbar. Über der Stadt lag Abendsonnenschein. Ein roter Wolkenballen hinweg über der grauen Festung auf dem Gipfel und im steil abfallenden königlichen Weinberg blitzten die weißen Kopftücher der Winzerinnen – die Weinernte hatte begonnen. Es roch nach Wasser, Teer und Weihrauch ...

Textzeilen aus dem Roman „Die Räuberbande“ von Leonard Frank

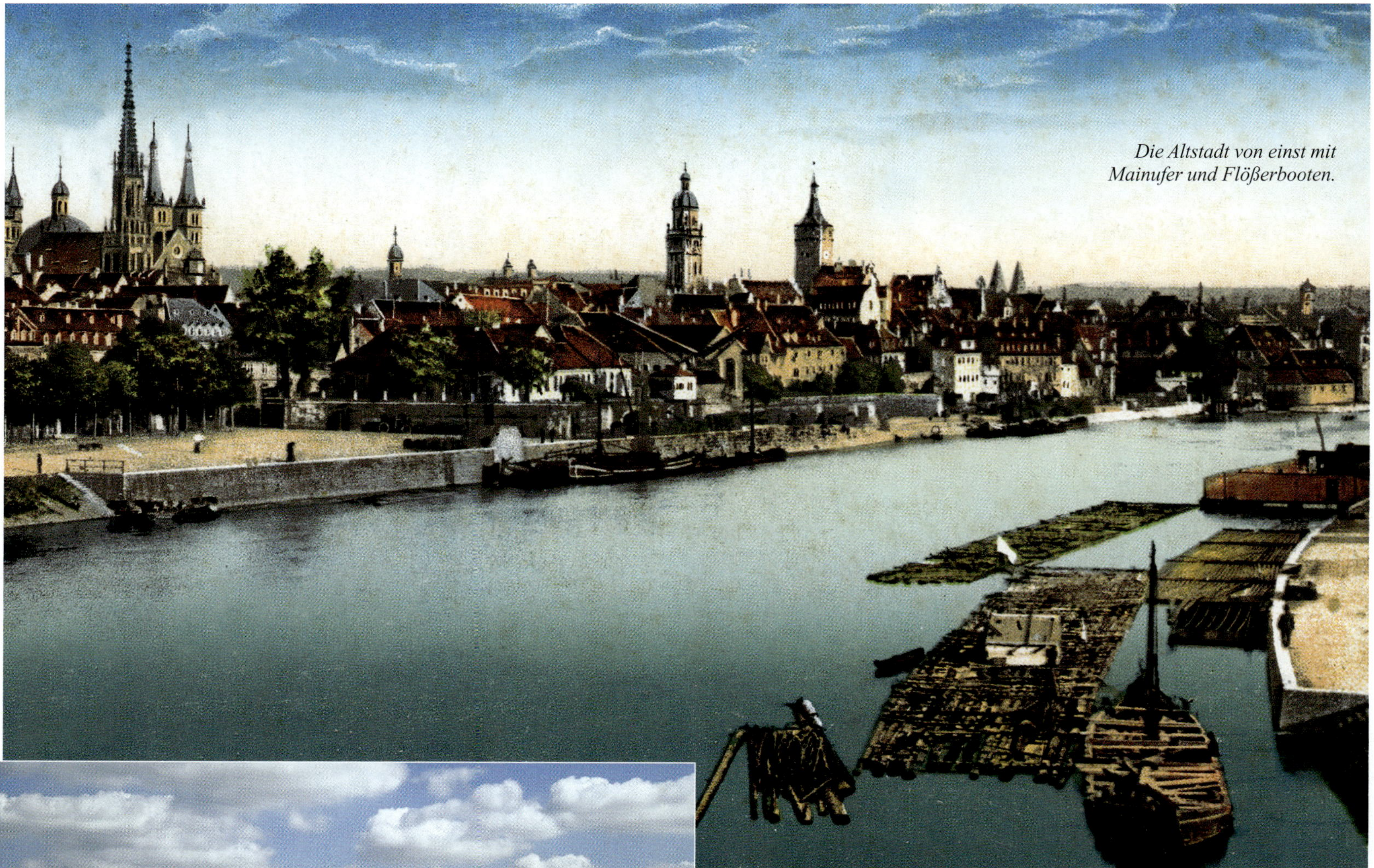

Die Altstadt von einst mit Mainufer und Flößerbooten.

Altstadt

Das Gesicht der Stadt von gestern im Vergleich zu heute. Links im Bild ist das Mainufer mit dem Kranenkai zu sehen. Deutlich zu erkennen ist der alte Kranen mit dem alten Lagerhaus, dem heutigen Haus des Frankenweins. Sich anschließend ist der Holzmarkt mit dem Mainkai, heute eine Parkanlage, zu sehen. Die Türme auf den Aufnahmen stellen Folgendes dar: Links ist die Marienkapelle, die heute mit einem Gerüst eingeschalt ist, zu sehen, daneben zeigt sich der Dom. Weiterhin sieht man in der Bildmitte die Neubaukirche sowie daneben das Rathaus.

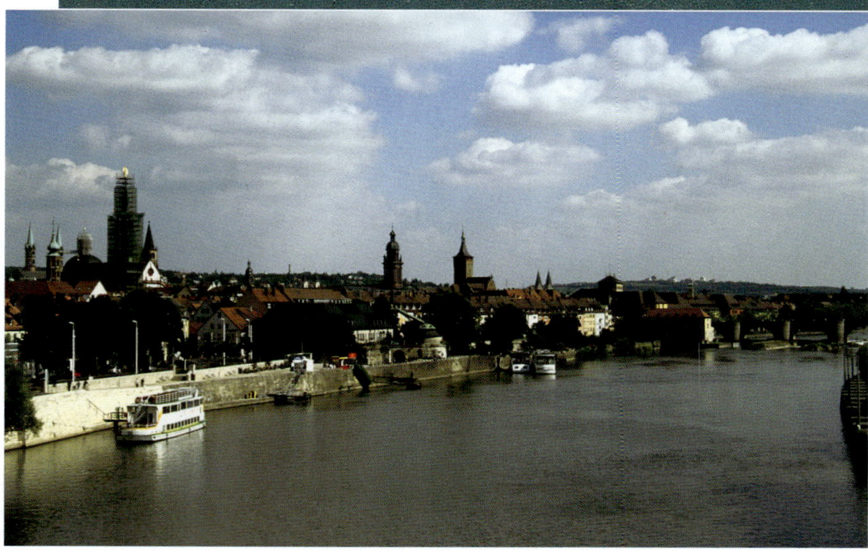

Blick von der Friedensbrücke zum Mainufer mit Altstadt.

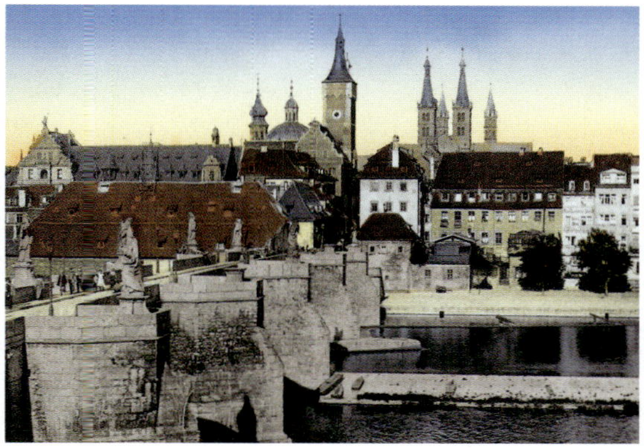

Ansicht der alten Mainbrücke mit Rathausturm und Dom.

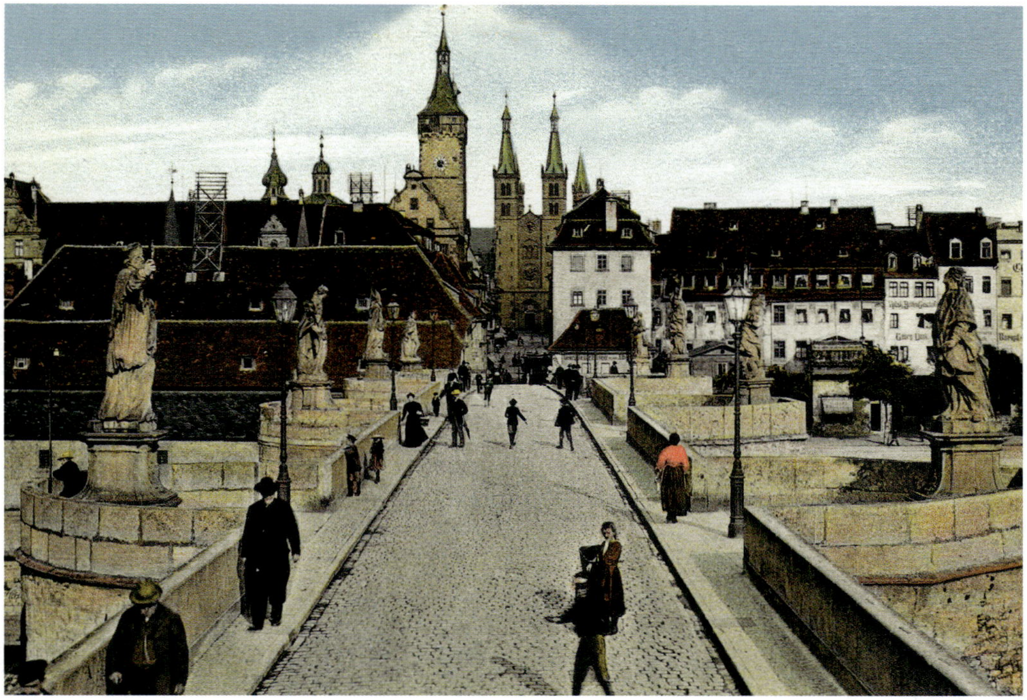

Die alte Mainbrücke – eine der ältesten Brücken Deutschlands.

Alte Mainbrücke

Alte Urkunden belegen, dass die alte Mainbrücke bereits im hohen Mittelalter um 1133 bestand. Durch Umwelteinflüsse ist die alte Brücke zerstört worden. 1473 bis 1573 wurde an der gleichen Stelle die gegenwärtige Brücke erbaut. In der Barockzeit um 1730 wurden zwölf überlebensgroße Figuren auf die Brücke gestellt. Die südliche Figurenreihe stammt von dem Gebrüderpaar Sebastian und Volkmar Becker aus Hasfurt. Die nördliche Reihe flussabwärts schuf der Bildhauer Clauré. Die Entwürfe stammen vom Hofmaler Anton Clemens Lünenschloß.

Auf der alten Mainbrücke befinden sich folgende Figuren in Richtung Dom. Auf der rechten Seite ST. TOTNAN, ST. KILIAN, PAT. FRANCONIA, ST. COLONATUS, ST. BURKARDUS, ST. BRUNO sowie auf der linken Seite PIPINUS, ST. FRIDERICUS, ST. JOSEPHUS, ST. JOH. V. NEPERMUK, ST. CAROLUS BARROMAUS, CAROLUS MAGNAUS.

Die heutigen Figuren sind Kopien aus der Zeit um 1910. Von der Mainbrücke hat man einen schönen Blick auf die Mainufer der Stadt sowie zur Festung und zum Käppele. Mainabwärts auf der linken Seite erheben sich im Mainviertel die Don-Bosco-Kirche mit den Türmen der ehemaligen Schottenkirche.

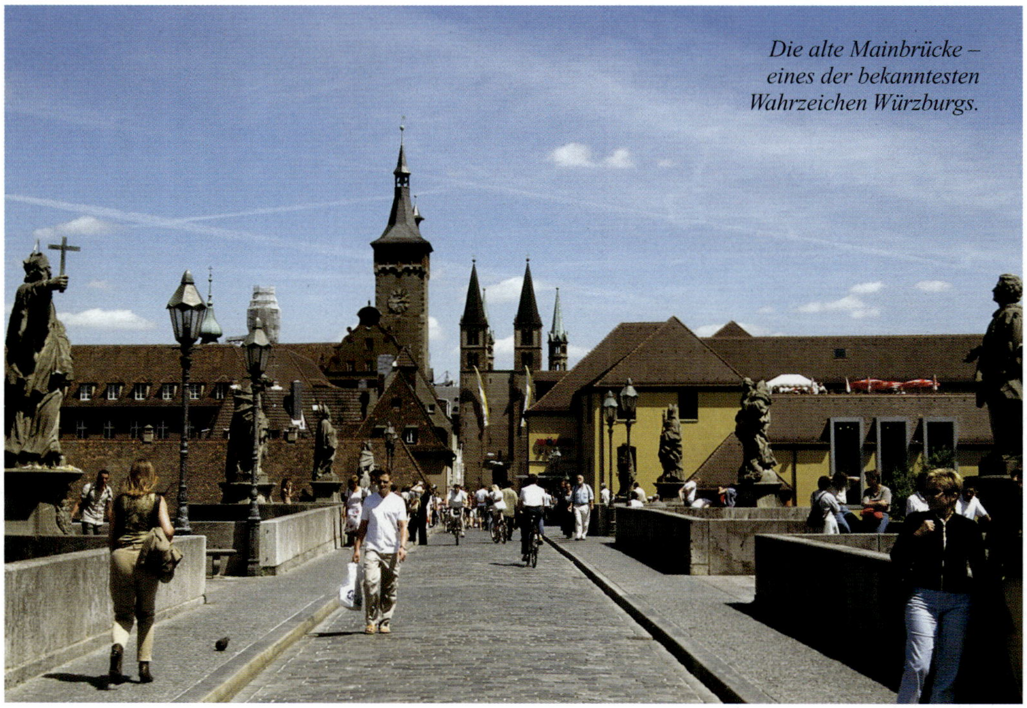

Die alte Mainbrücke – eines der bekanntesten Wahrzeichen Würzburgs.

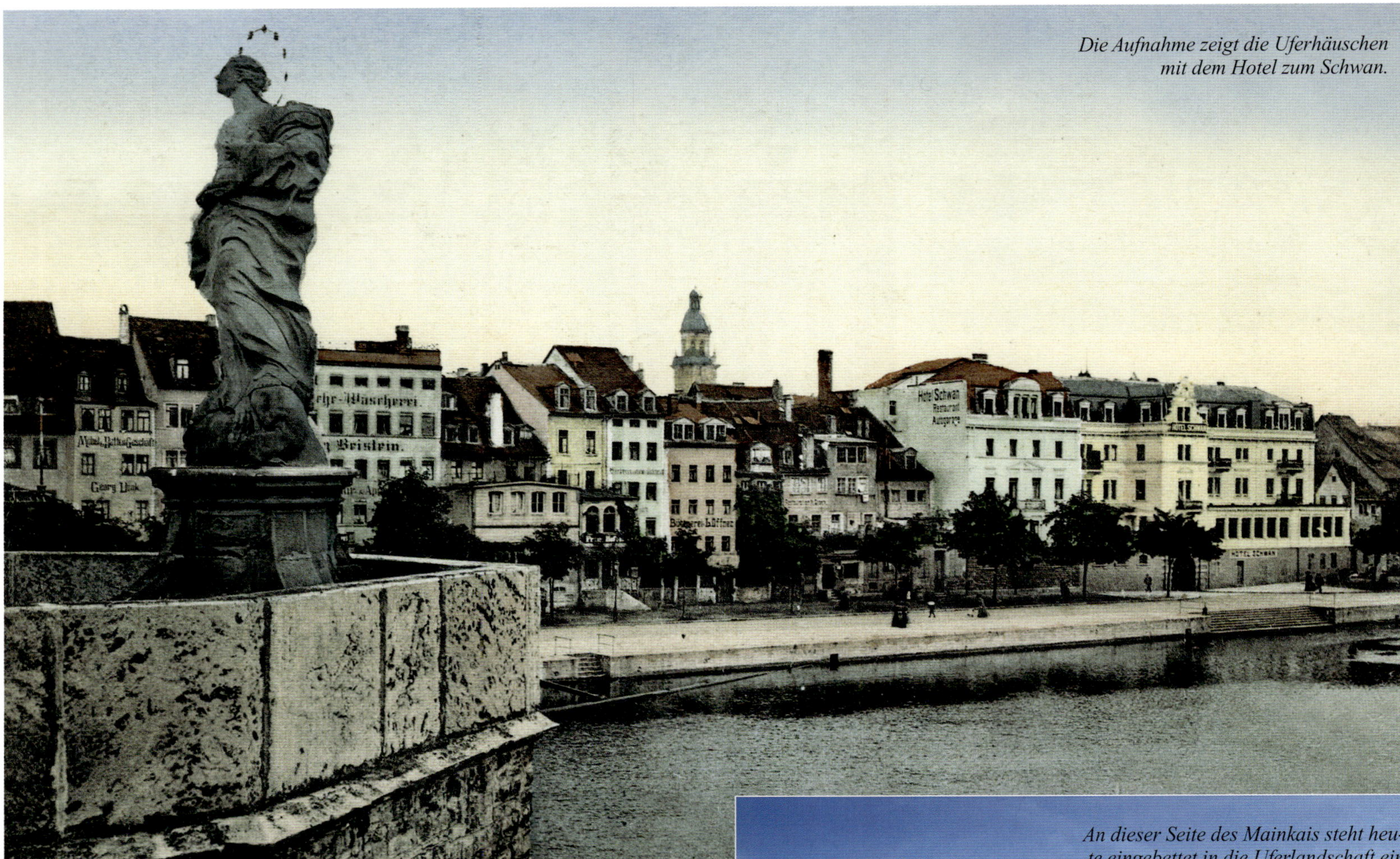

Die Aufnahme zeigt die Uferhäuschen mit dem Hotel zum Schwan.

Oberer Mainkai

Der Obere Mainkai zieht sich von der alten Mainbrücke zum Willy-Brandt-Kai. Zwischen dem ehemaligen Hotel zum Schwan (Foto oben) und der alten Mainbrücke standen einst zum Teil sehr schmale Häuser, in denen verschiedene Geschäfte ihren Sitz hatten. Die Häuserreihen standen aneinander gereiht wie eine Schauspielkulisse. Das Hotel zum Schwan war ein hochherrschaftliches Haus mit Aussichtsterrasse und gut geführtem Gastronomiebetrieb. Der „Schwan" war auch das Absteigequartier zahlreicher Fürstlichkeiten wie z. B. Kaiser Josef II. Die Wirtin soll seine Geliebte gewesen sein, aber auch Erzherzog Karl von Österreich war hier zu Gast. Das Tor im Hotelkomplex wurde Schwanen- oder auch Spiegeltor genannt. Sämtliche Häuser einschließlich des Hotels zum Schwan wurden 1945 ein Raub der Flammen. Heute steht am Oberen Mainkai ein Kaufhausgebäude, das nach Plänen des Münchner Architekten von Branca 1979 gebaut wurde. Das Spiegeltor, das in Kopie errichtet wurde, erinnert heute noch an das Hotel zum Schwan.

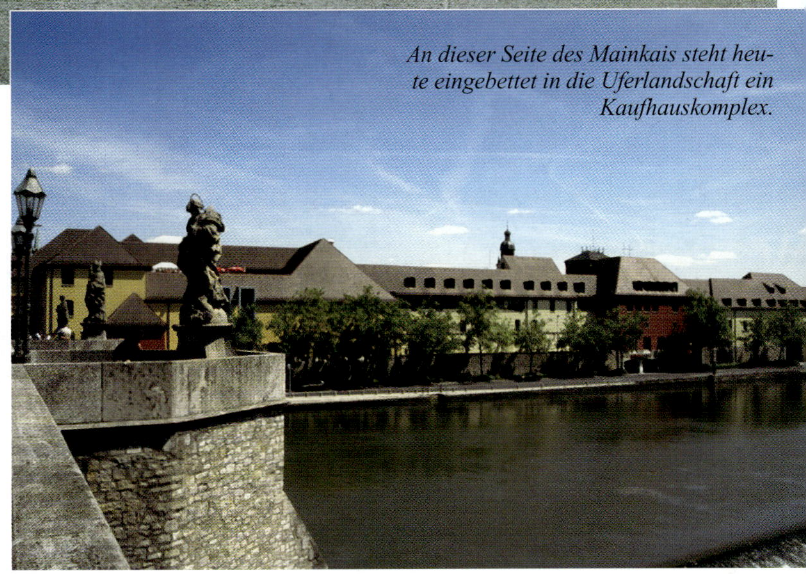

An dieser Seite des Mainkais steht heute eingebettet in die Uferlandschaft ein Kaufhauskomplex.

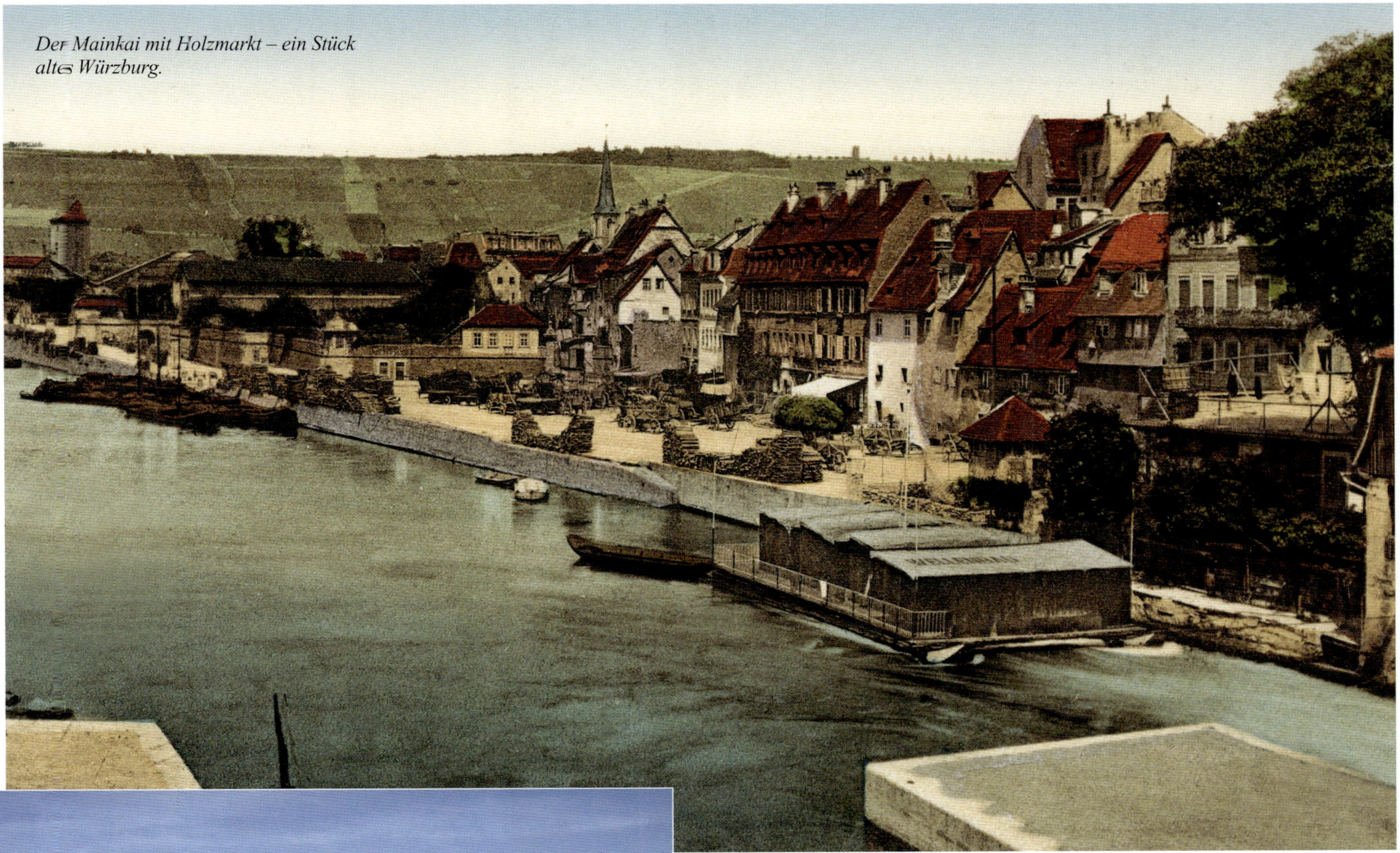

Der Mainkai mit Holzmarkt – ein Stück altes Würzburg.

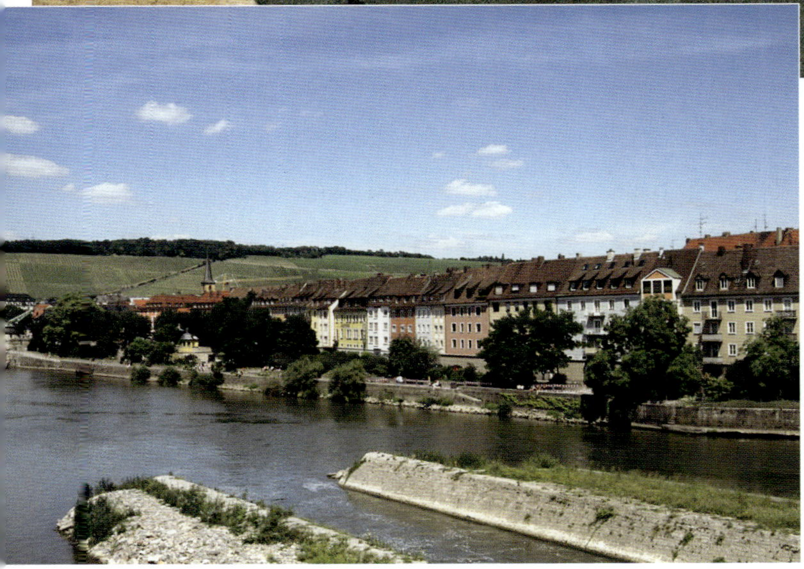

Mainkai

Der Mainkai verläuft von der Alten Mainbrücke in Richtung Kranenkai. Bis 1861 flossen hier die Bäche Pleichach und Kürnach in mehreren Armen in den Main. Die Stadtsilhouette am Mainkai (Foto oben) war durch die unterschiedlichsten Häuser besonders malerisch. Der Kai war Umschlagplatz für verschiedenste Waren aus nah und fern. Die Kärrner mit ihren hochrädrigen Wagen holten die Güter ab, um sie zum Weiterverarbeiten in die Stadt zu bringen. Im Vordergrund auf dem Foto sieht man das Wellenbad, das flussabwärts der Alten Mainbrücke verankert lag. Der Wasserschwall der Mainbrücke lieferte die Wellen gratis in die Badekabinen. Die neue Uferbebauung am Mainkai spiegelt sich einheitlicher und klarer dar. Der Mainkai ist heute Parkanlage, die zum Verweilen einlädt.

Der wieder aufgebaute Mainkai – ein Stück modernes Würzburg.

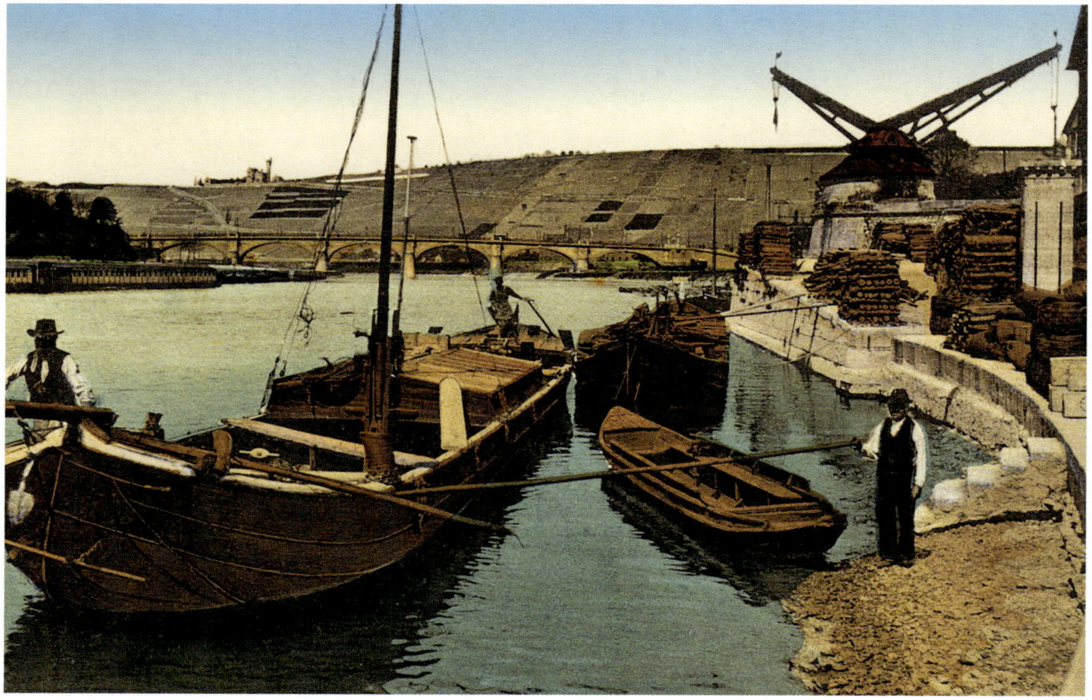

Die Schiffer warten auf Ladung am Mainufer – dem heutigen Kranenkai.

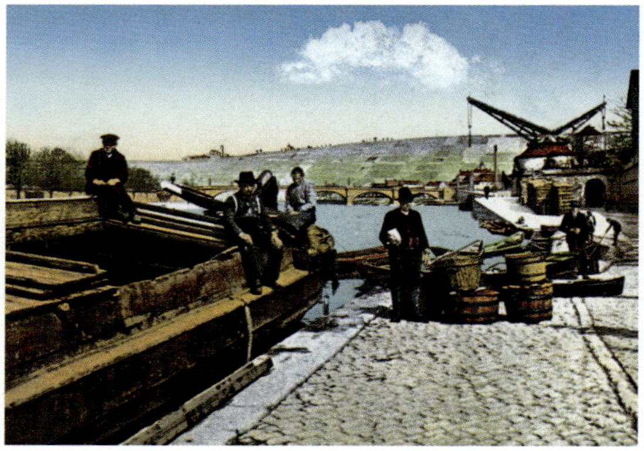

Der alte Kranen erbaut vom Sohn Balthasar Neumanns – ein besonderes Schmuckstück Würzburgs.

Kranenkai – Alter Kranen

Der Kranenkai ist die Verlängerung vom Mainkai. Der Name Kranenkai wird abgeleitet vom Alten Kranen, der sich hier befindet. Gegen den Fluss hin erhebt sich eines der Wahrzeichen Würzburgs, der Alte Kranen. 1767 bis 1773 wurde die Sehenswürdigkeit nach Plänen von Franz Ignaz Neumann, einem Sohn von Balthasar Neumann, gebaut. Zum Schutz vor Hochwasser wurde die Anlage auf eine Bastion mit Torhaus gestellt. Die beiden Kranenarme des beweglichen Helmes wurden mithilfe eines Räderwerks bewegt. Die Lasten der Schiffe wurden zum höher gelegenen Lagerhaus befördert. Es konnten Lasten bis 40 Zentner gehoben werden. Das Bauwerk ist technisch sehr interessant. Der ganze Innenmechanismus ist samt dem kuppelgedeckten Dach und den Kranenarmen um die Mittelachse drehbar.

Der Alte Kran, der im Krieg nicht beschädigt wurde, ist heute ein beliebter Treffpunkt. In den ehemaligen Lagerhäusern, die 1989 wieder aufgebaut wurden, befindet sich das Haus des Frankenweins. Auf der angegliederten Terrasse, einem schön hergerichteten Biergarten, kann man den Main gemächlich vorüberziehen lassen.

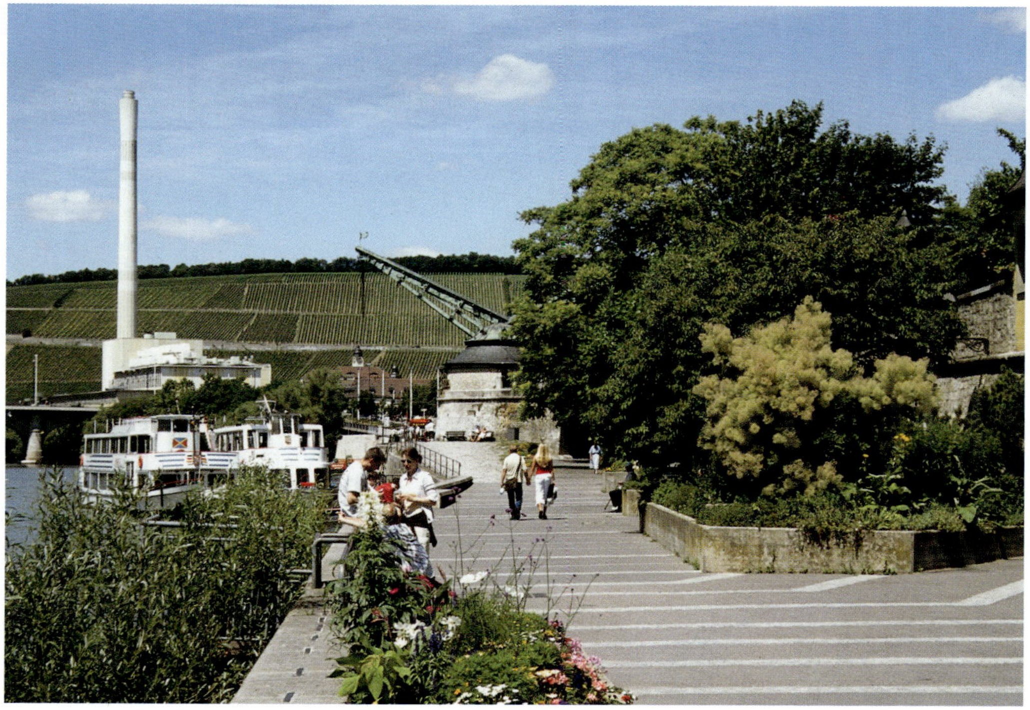

Der Kranenkai ist heute Parkanlage und Anlegestelle für die Personenschifffahrt.

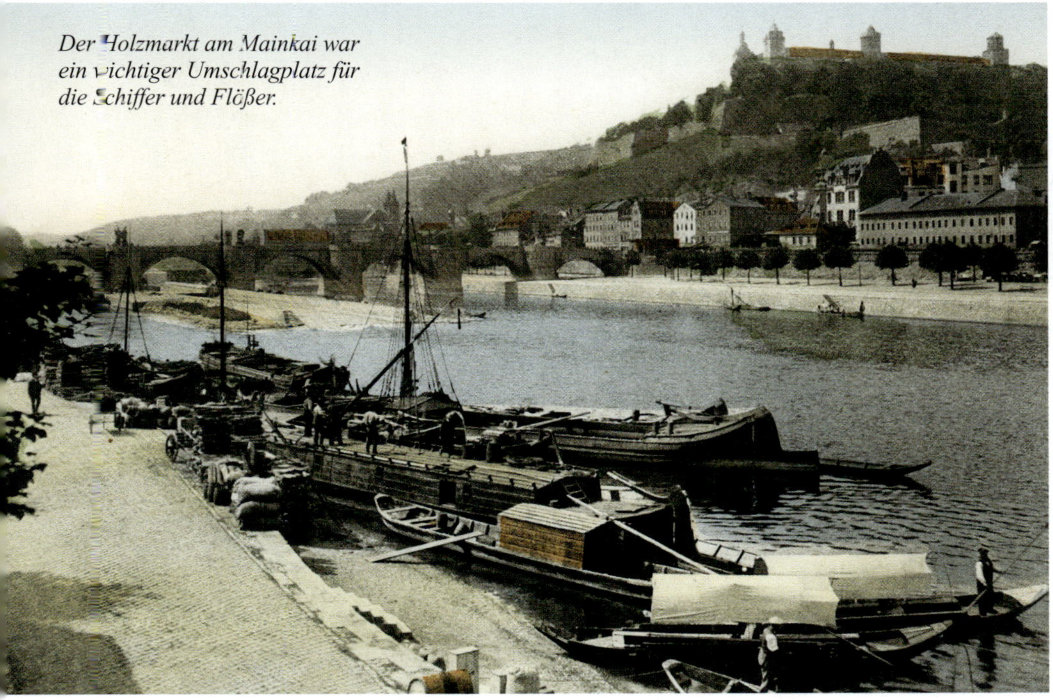

Der Holzmarkt am Mainkai war ein wichtiger Umschlagplatz für die Schiffer und Flößer.

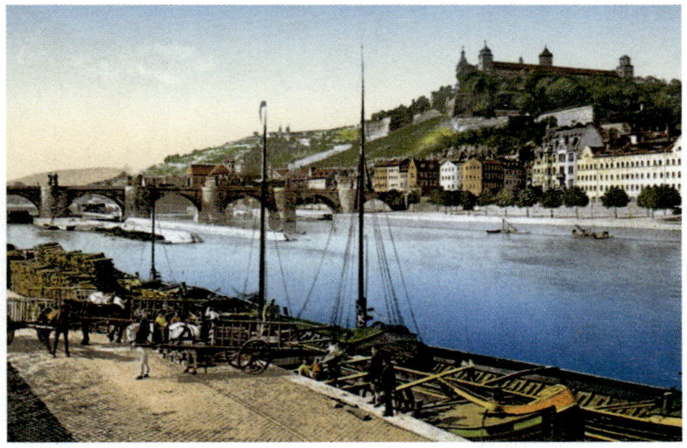

Die Marienfeste auf der Höhe stand vor der abendlichen Himmelswand. Riesen auf märchengroßen Elefanten überquerten zwischenraumlos hintereinander in der Dämmerung den Fluß: das war die alte Brücke mit den Heiligen. Würde diese von Hügeln sanft umsäumte Stadt durch ein Naturereignis der alten Brücke und der Marienfeste beraubt, sie und alle Einwohner verlören den Charakter ...

Ausschnitt aus dem Roman „Das Ochsenfurter Männerquartett" von Leonhard Frank, 1927

Mainkai – Holzmarkt

Am Mainkai befand sich über Jahrhunderte hinweg der Holzmarkt. Auf diesem Platz wurde Brennholz gelagert sowie Güter aller Art umgeschlagen. Am gut befestigten Ufer konnten die Schiffe anlegen. Ein typisches Mainschiff hatte einen hohen Mast, an dem ein Zugseil befestigt war. Das Seil lief schräg über den Fluss zum Gespann auf dem Leinereiterpfad. Die Fischer und Schiffer prägten das Stadtbild der damaligen Zeit. In der sehr gepflegten Parkanlage am Mainkai kann man heute die Würzburger Wahrzeichen sehen. Es haben sich zum perfekten Fotomotiv aufgestellt: Festung – Alte Mainbrücke – Käppele.

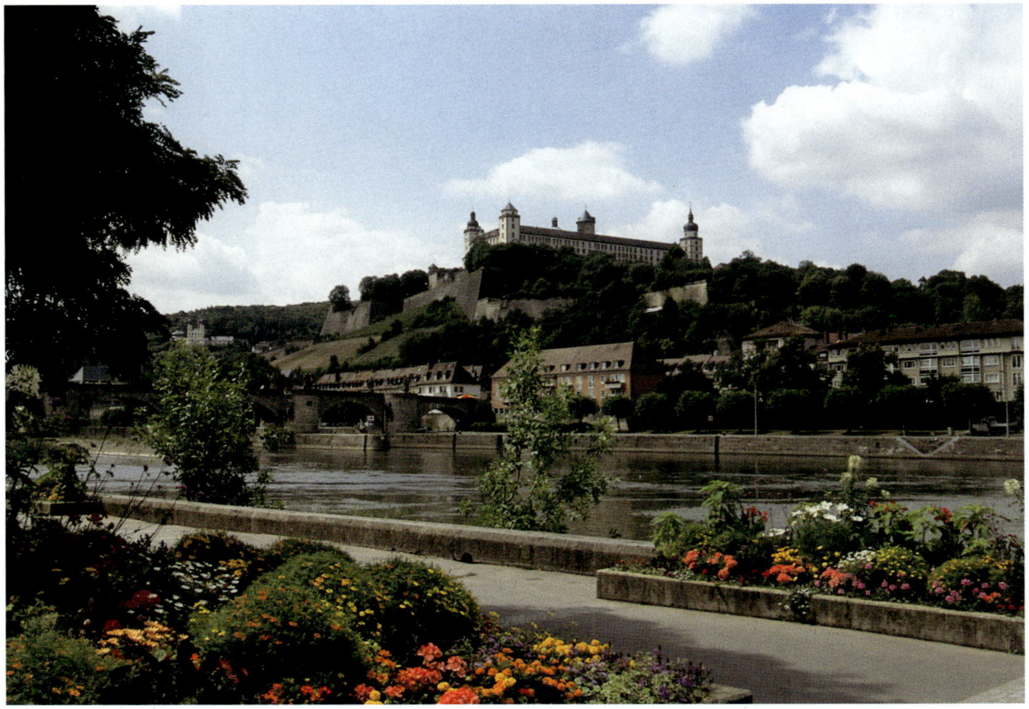

Der Mainkai ist heute eine schön angelegte Uferpromenade mit Blick zur Festung.

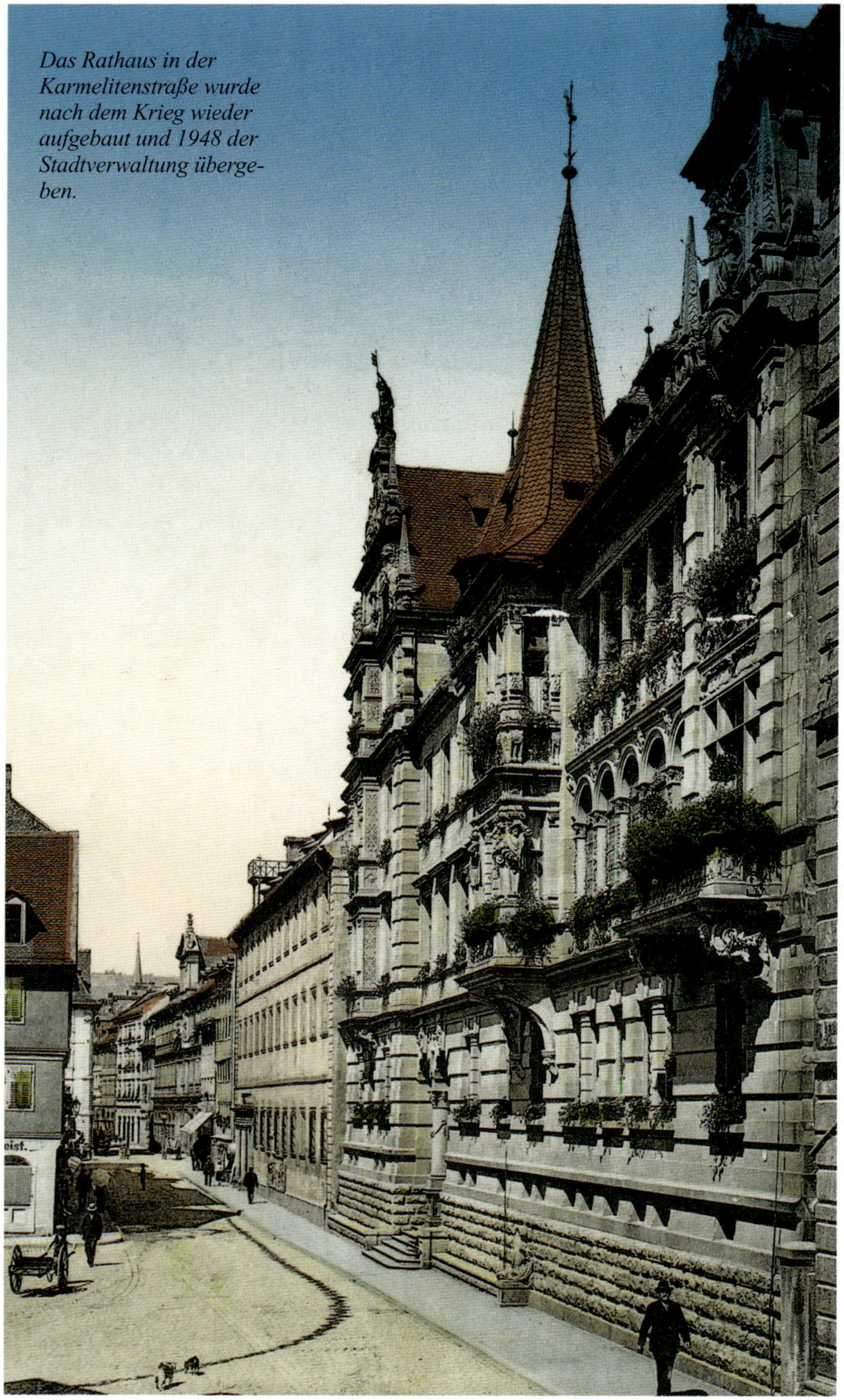

Das Rathaus in der Karmelitenstraße wurde nach dem Krieg wieder aufgebaut und 1948 der Stadtverwaltung übergeben.

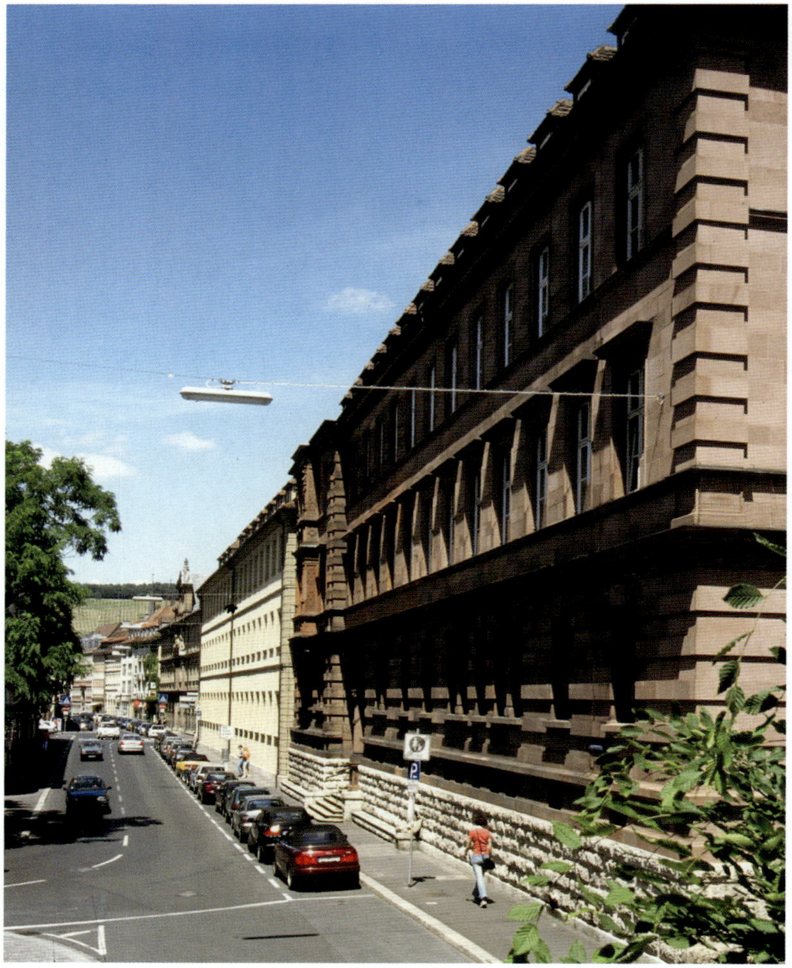

Karmelitenstraße – Rathaus

Sei 1868 wird diese Gasse Karmelitenstraße genannt. Die erste Niederlassung der Karmelitenbrüder wurde im Jahre 1212 registriert. Die Stadt Würzburg kaufte in den Jahren um 1895 die neben dem Rathaus gelegenen Häuser auf. 1897 bis 1899 wurde der Erweiterungsbau des Rathauses nach Plänen des Stadtbaurates im Renaissancestil erstellt. Die roten Buntsandsteinfassaden wurden durch zwei Erker und einen Giebel belebt. In den Innenräumen des Gebäudes befanden sich die Zimmer des Ersten Bürgermeisters, des Kämmerers, der Bauräte und des Standesamtes. Das Foto links zeigt das 1899 fertig gestellte Rathaus mit weiterem Blick in die Karmelitenstraße. Im Hintergrund ist der von Josef Greising erbaute Rückermainhof zu sehen. Nach der Brandkatastrophe vom 16. März 1945 wurde das Rathausgebäude 1948 in schlichterer Form (Foto oben) wieder aufgebaut. Die Stadtverwaltung fand damit wieder eine Unterkunft im eigenen Hause.

Beim Grafeneckart – Rathaus

Der Platz mit dem Rathausturm wurde nach dem bischöflichen Schultheißen und Burggrafen „Graf Eckart“, der um 1200 lebte, benannt. Der linke Teil des Grafeneckart, das zurückliegende Gebäude, der Rote Bau, wurde um 1660 nach Plänen von Philipp Preiß und Sebastian Villinger erbaut. Durch das Portal gelangt man in das Innere des Rathauses. Im Südflügel des Rathauses befindet sich der neue Ratssaal. Fresken von Wolfgang Lenz zeigen in starker Ausdrucksweise die Ereignisse der Stadtgeschichte.

Der Grafeneckartsturm ist der älteste Teil des Rathauses. Das Gebäude wurde seit 1316 von der Stadt als Versammlungsort für die Ratssitzungen genutzt. Im Obergeschoss befindet sich der romanische Wenzelsaal, der an König Wenzel erinnert, der im Jahre 1397 der Stadt die Reichsfreiheit zusagte. Verschiedenste Baumaßnahmen des 15. und 16. Jahrhunderts verliehen dem Gebäude sein heutiges Aussehen. Der Renaissanceerker an der Südwestseite stammt aus dem Jahre 1544. Die Bemalung der Fassade mit dem grünem Baum weist auf den alten Hausnamen Hof zum grünen Baum hin. Das säulengeschmückte Barockportal wurde 1695 am Turm eingebaut.

Im Erdgeschoss des Grafeneckartsturms befindet sich heute der Gedenkraum der Stadt (16. März 1945, Schicksalstag der Stadt). In der Gedenkstätte werden Fotoaufnahmen sowie ein Stadtmodell der Ruinenstadt gezeigt. Eine weitere Sehenswürdigkeit im Rathauskomplex ist der Ratskeller mit der Ratskapelle und der Ratsbierstube sowie dem romantischen Innenhof. Im Ratskeller, ein Haus mit Geschichte, findet man heute gute fränkische Küche mit viel Niveau.

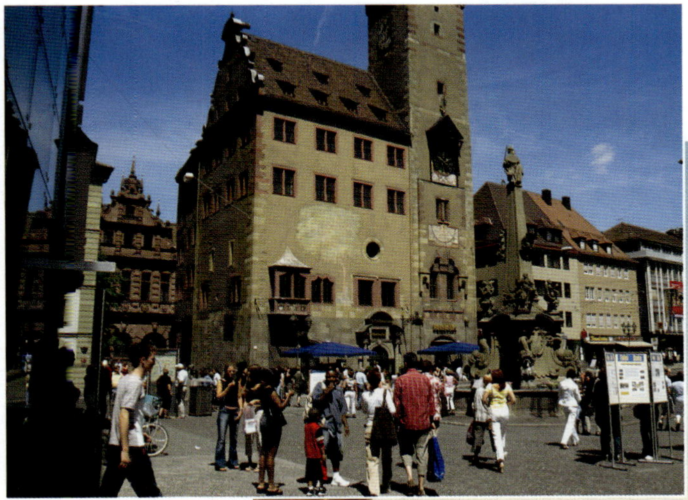

Der Grafeneckart mit dem Vierröhrenbrunnen ist heute ein sehenswerter Platz.

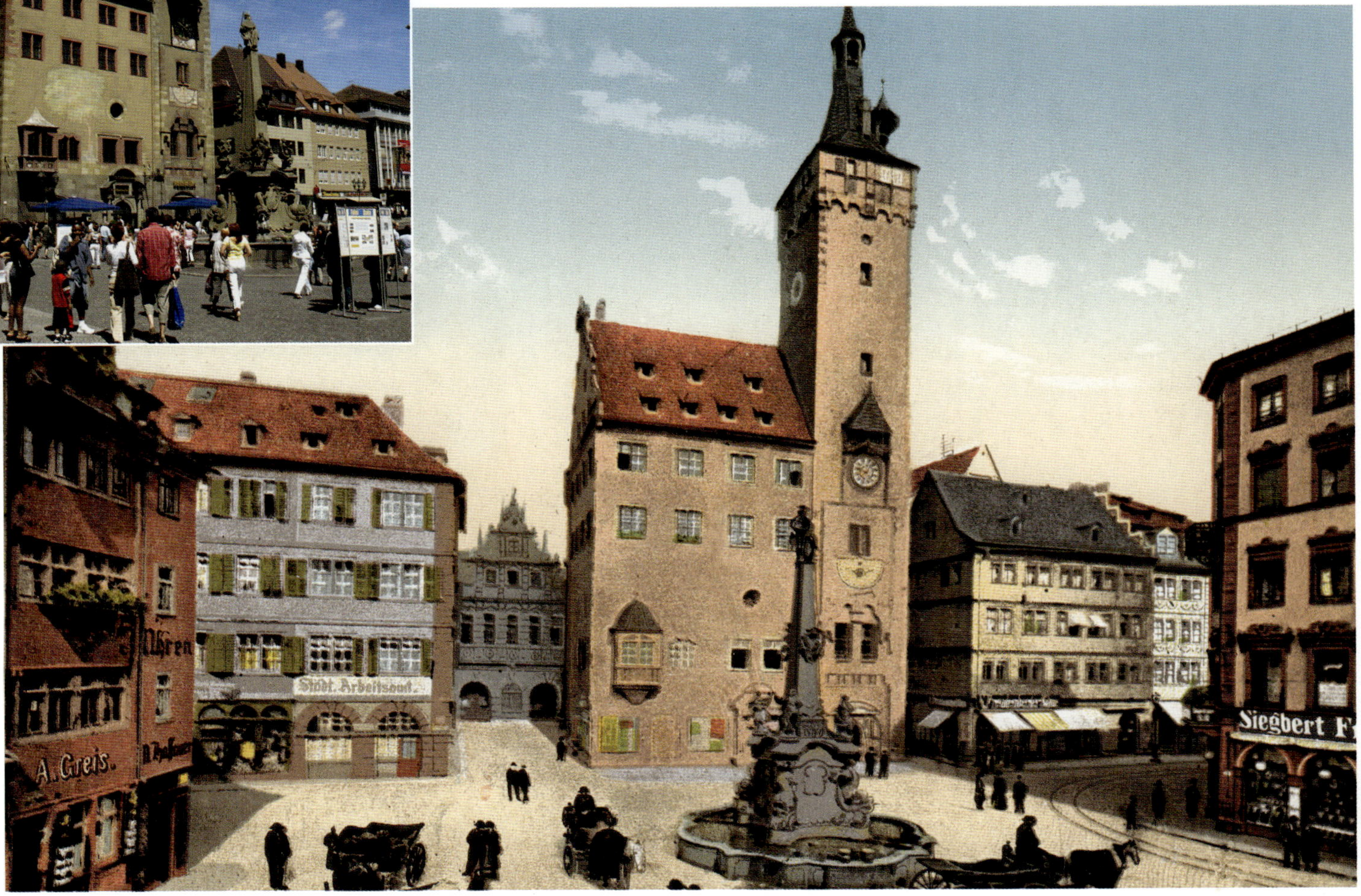

Die Ansichtskarte zeigt das Rathaus mit seinen Nebengebäuden in seiner früheren Form.

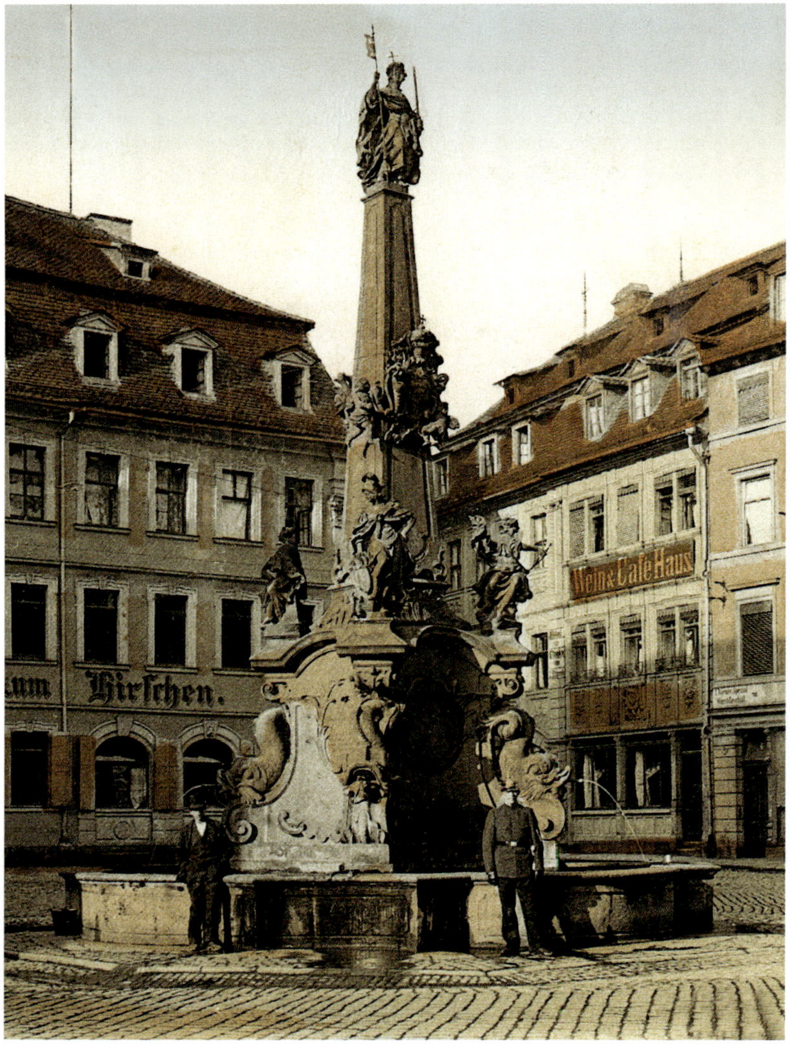

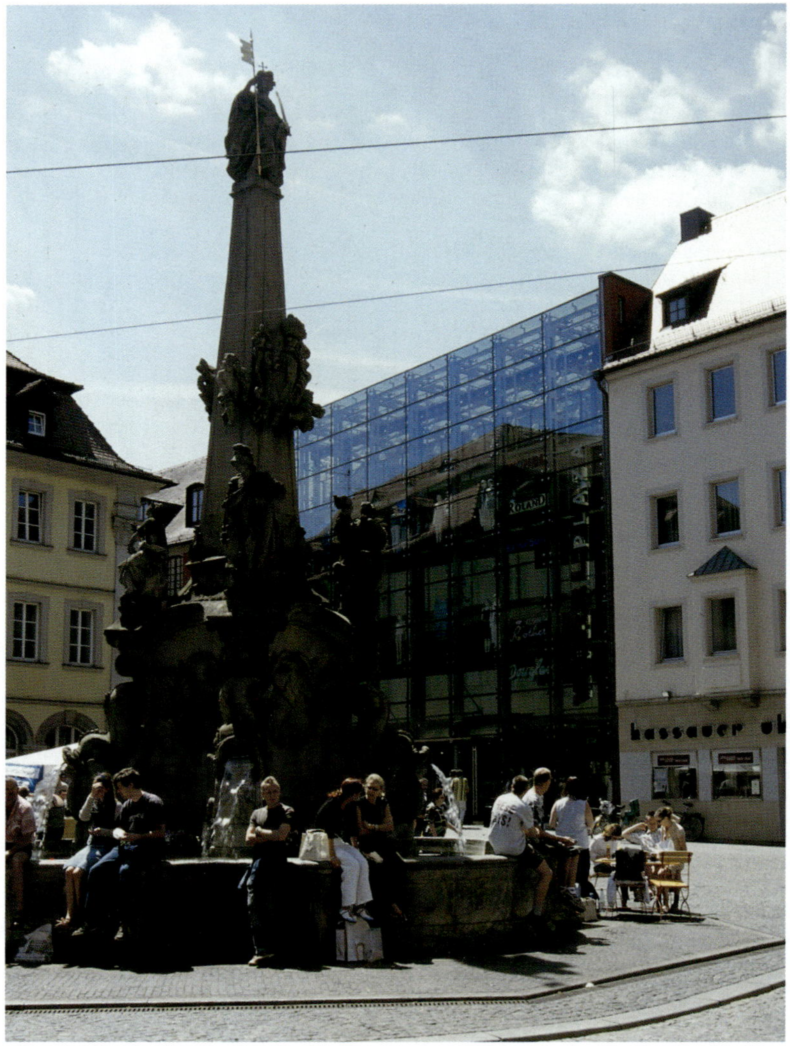

Der Vierröhrenbrunnen, ein Werk der Künstler L. von Auvera und Johann P. Wagner, ist heute beliebter Treffpunkt.

Beim Grafeneckart – Vierröhrenbrunnen

In den Jahren um 1733 wurde eine Wasserleitung nach Plänen von Balthasar Neumann gebaut, durch die alle Brunnen der Stadt mit fließendem Wasser versehen wurden. Der Brunnen vor dem Platz zum Grünen Baum, heute Rathaus, wurde als einer der ersten Ziehbrunnen damit versorgt. Der Vierröhrenbrunnen vor dem Rathaus ist zur Rokokozeit entstanden. Die Entwürfe und Zeichnungen zum Brunnenbau lieferte Lucas van der Auvera. Peter Wagner führte die Arbeiten um 1766 aus. Aus dem Sockel, an dessen Kanten vier Delfine Wasser speien, wächst die Pyramide heraus, die von vier allegorischen Statuen umgeben ist. Die Figuren stellen die vier Kardinaltugenden Weisheit, Mäßigung, Tapferkeit und Gerechtigkeit dar. Die Statue der Frankonia krönt das Ganze mit Herzogshut, Schwert und Fahne. Der Brunnen, ein Schmuckstück des Spätbarock, war zu früherer Zeit ein besonderes Aushängeschild Würzburgs. So sollen bei Kaiserbesuchen oder Bischofswahlen roter und weißer Wein aus den vier Röhren geflossen sein. Der Platz um den Vierröhrenbrunnen wurde im 18. Jahrhundert von den Tagelöhnern genutzt, um Arbeit zu bekommen. Die herumstehenden Arbeiter nannte der Volksmund Vierröhrenbrünnler. Der Vierröhrenbrunnen ist auch heute noch ein markanter Geschichtspunkt für Stadtrundgänge. Der Brunnen auf dem historischen Platz steht heute vor der modernen Glasfassade eines Kaufhauses.

Domstraße

Die Domstraße ist die älteste Straße der Stadt und führt vom Grafeneckart zum Dom. Seit 1328 wurden Jahrmärkte in der Domstraße abgehalten. Die Kiliansmesse und die Allerheiligenmesse fanden hier statt. Am Sternplatz in der Mitte der Straße war lange Zeit der Fischmarkt. Die Domstraße war in der damaligen Zeit Lebensader und Verbindungsstraße zugleich. 1892 führte die Pferdebahn der Linie Sanderau–Hauptbahnhof durch die Straße. 1889 wurde dann die elektrische Straßenbahn eingeführt. Das Foto der Ansichtskarte links spiegelt die Schönheit der Domstraße wider.
Heute ist die Domstraße eine stilvolle Straße mit Geschäften, die zum Bummeln einladen. Alles in allem kann man sagen, der Wiederaufbau ist in der Domstraße sehr gut gelungen.

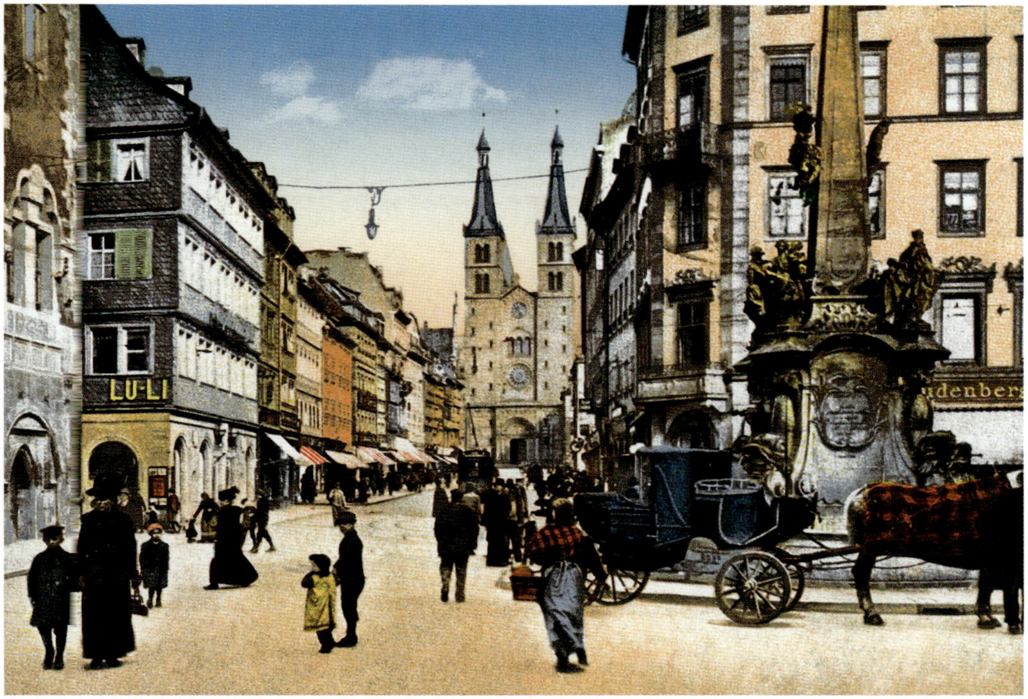

Die Domstraße, einst Domgasse genannt, führt von der alten Mainbrücke zum Dom.

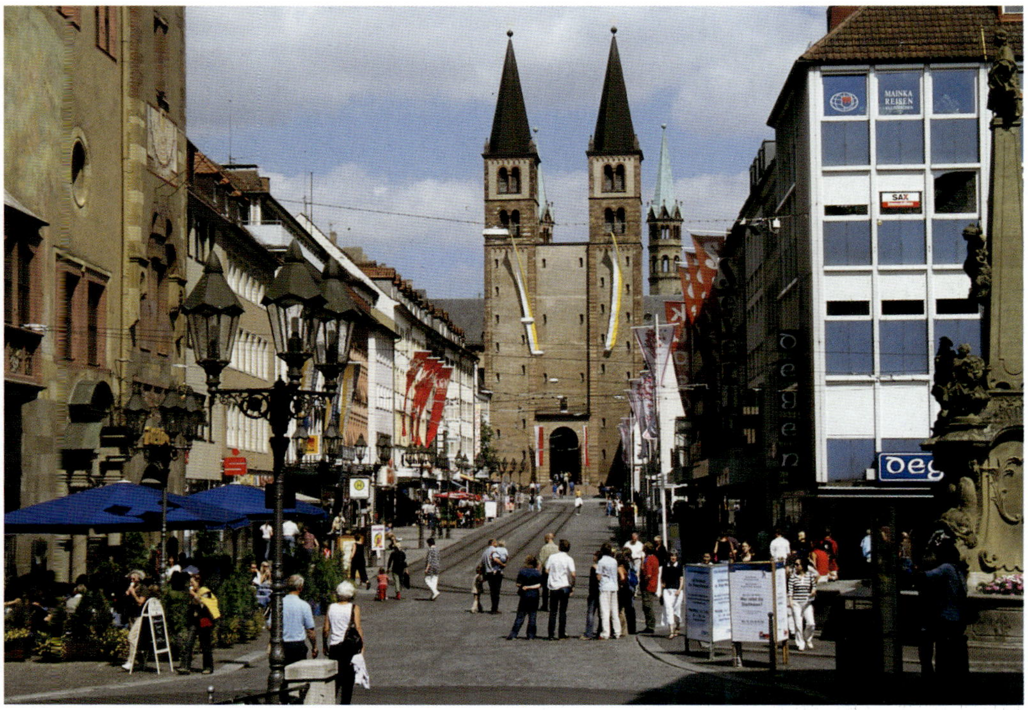

Die Domstraße ist heute nach dem Wiederaufbau eine der schönsten Straßen der Stadt.

Es ist eines der schönsten und konzentriertesten Städteerlebnisse, die man in Deutschland haben kann, wenn man einen Gang durch die verwinkelten Altstadtgassen die breite Domstraße betritt, dann dem steinernen Anlauf der alten Brücke folgend, sich hoch über den Fluß heben läßt und nun mit einmal ein Gefühl von Weite und Freiheit empfängt, das man in einer ganz neuen lichteren Stadt zu sein glaubt als bisher.

Textzeilen aus „Würzburger Gesamtform“ von E. Kieser, 1931

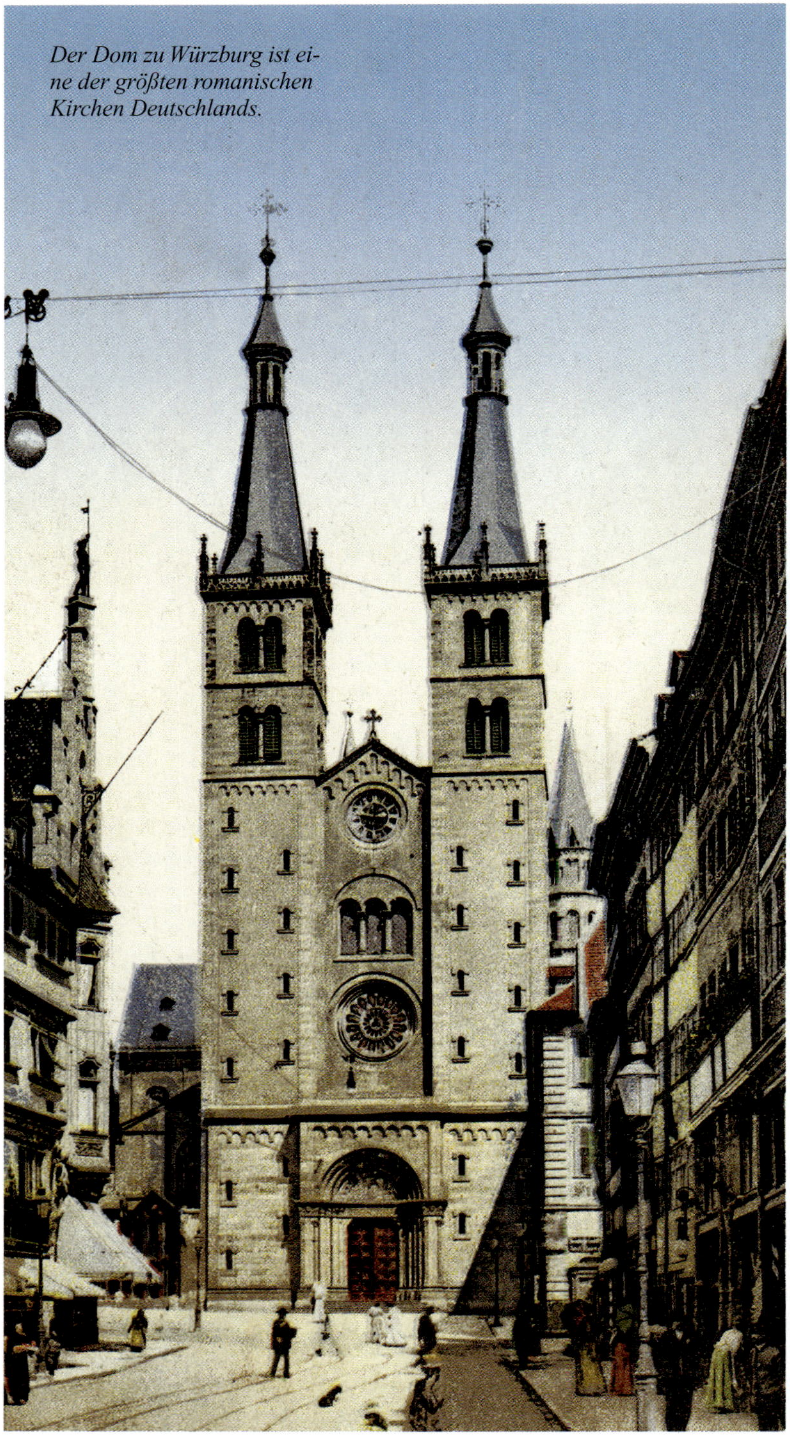

Der Dom zu Würzburg ist eine der größten romanischen Kirchen Deutschlands.

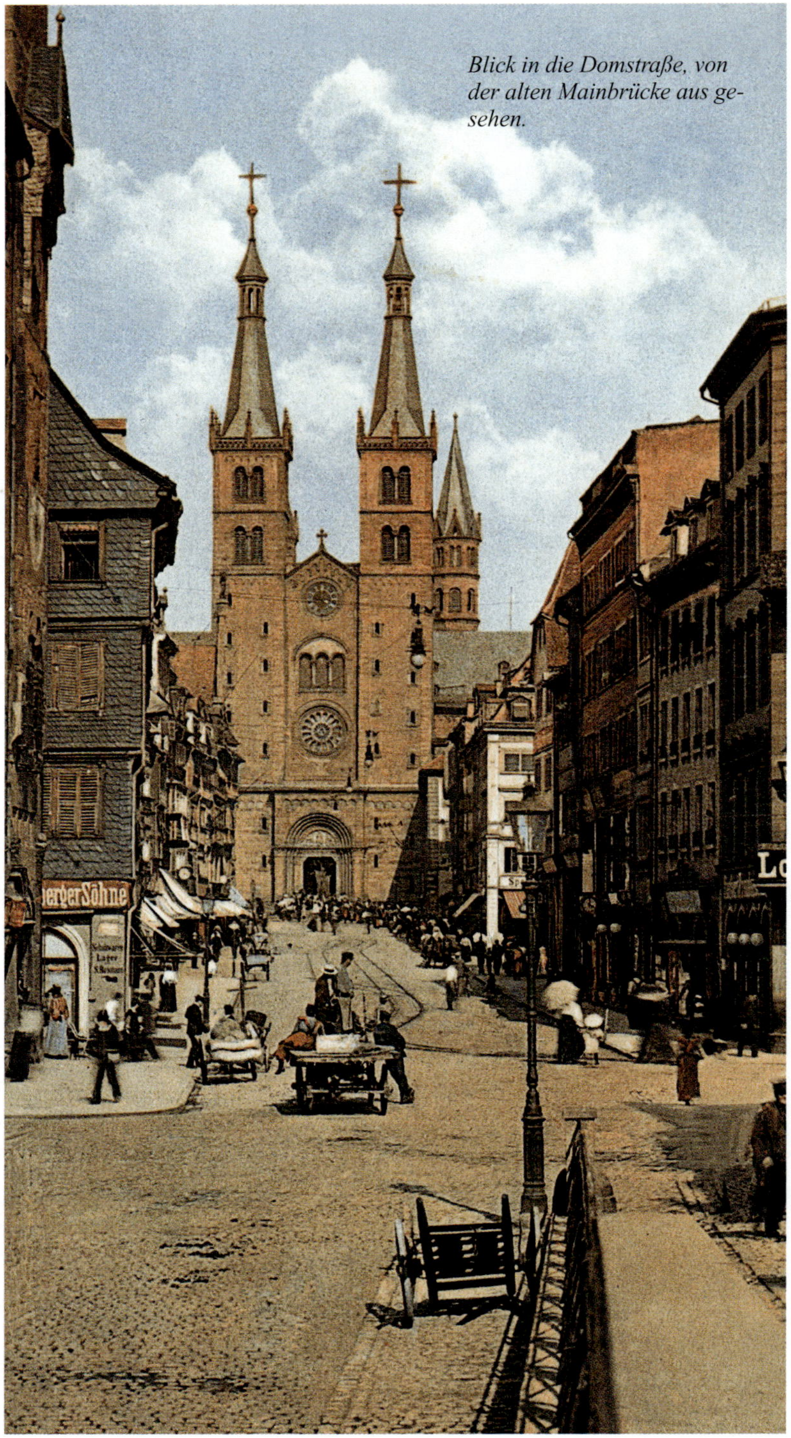

Blick in die Domstraße, von der alten Mainbrücke aus gesehen.

Domstraße – Dom „St. Kilian“

Mit dem Bau der romanischen Domkirche zu Würzburg wurde 1045 begonnen. Weitere Bauabschnitte waren die Osttürme um 1237 sowie die Gestaltung der Innenräume durch den Mailänder Pietro Magno um 1704. Sehenswürdigkeiten im Dom sind das 1279 gegossene Bronzebecken in der Taufkapelle sowie die Kanzel aus der Renaissancezeit. Weiterhin sind 39 Grabmäler verschiedener Bischöfe und Würdenträger im Langhaus untergebracht. Bemerkenswert sind die Bischofsgrabmäler Rudolf von Scherenbergs und Lorenz von Bibras. Tilmann Riemenschneider fertigte hierfür die Arbeiten an.
Im Querhaus sind noch Reste der Stuckdekoration von P. Magno erhalten. In der 1749 von B. Neumann erbauten Schönbornkapelle am nördlichen Querhaus befinden sich die Grabmale der Fürstbischöfe aus dem Hause Schönborn.

Der Dom wurde 1945 teilweise zerstört, das Langhaus stürzte 1946 infolge von Kriegsschäden ein. Beim Wiederaufbau wurden die Reste der historischen Architektur mit dem Neuzeitlichen vereint. Der Altarbereich wurde 1966 von dem Bildhauer Albert Schilling neu geschaffen. Die Monumentalplastiken in der Apsis schuf Hubert Elsässer. 1967 wurde der modern anmutende Dom neu geweiht. In der Krypta werden heute Gegenstände zur Baugeschichte des Doms gezeigt.

Wie der Geist im Hamlet taucht im Dom von Würzburg
aus den Barockkulissen die Erscheinung
des großen Tilmann Riemenschneider auf.
Seine Grabmäler grüßen hinüber zum Geist
der ersten Bauzeit dieses Domes.

Textzeilen aus „Sterne über kleinen Flüssen“
von Carl Oskar Jatho, 1936

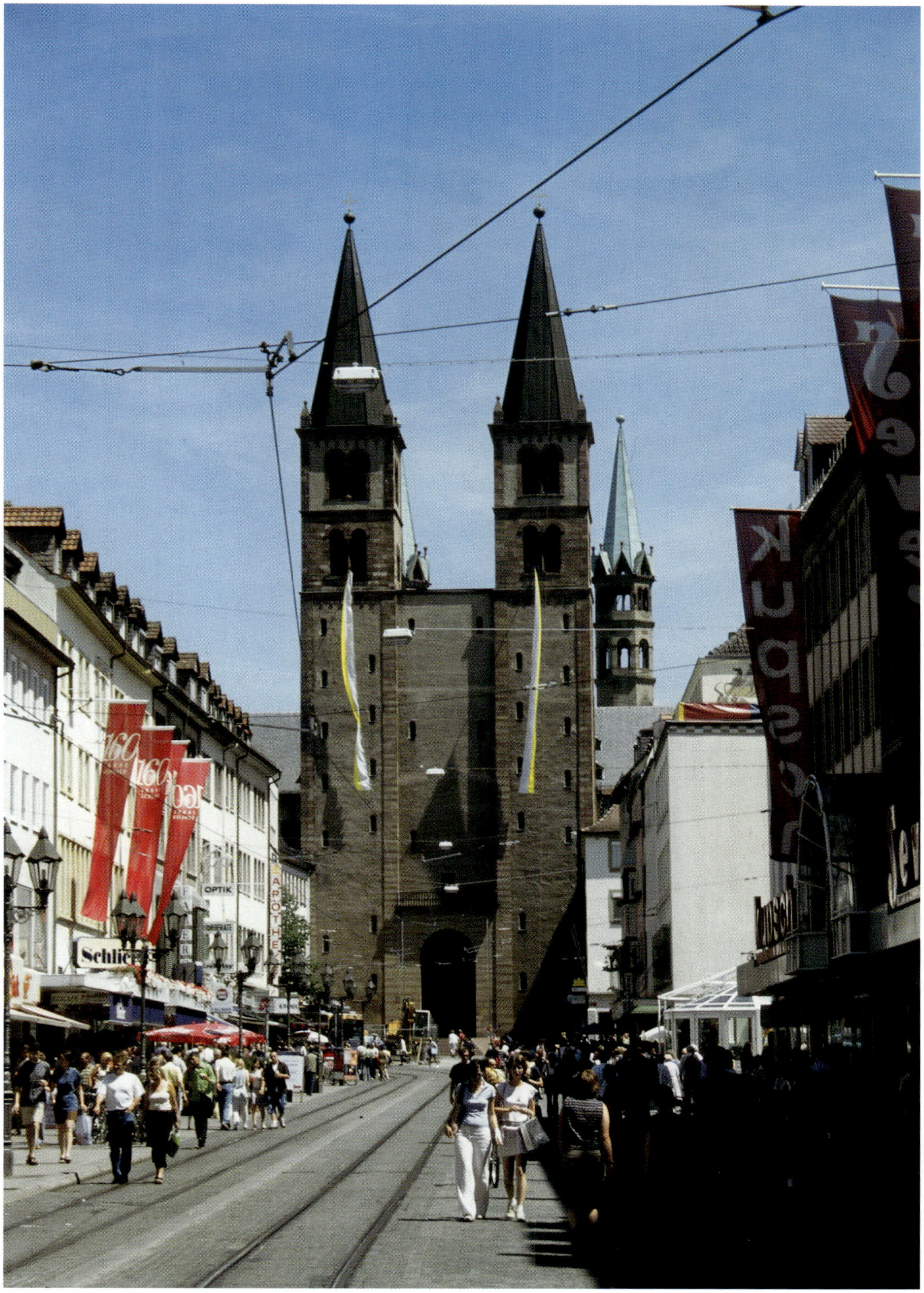

Der Dom ist heute wie früher Mittelpunkt der Stadt.

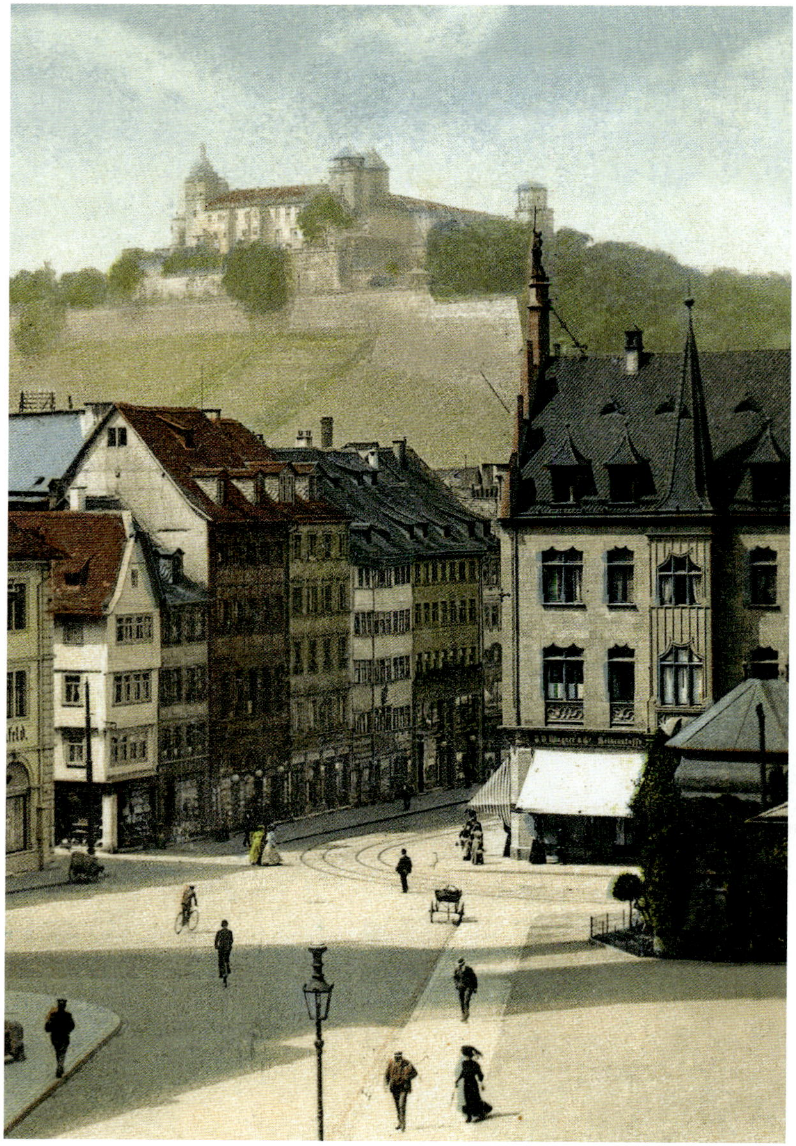

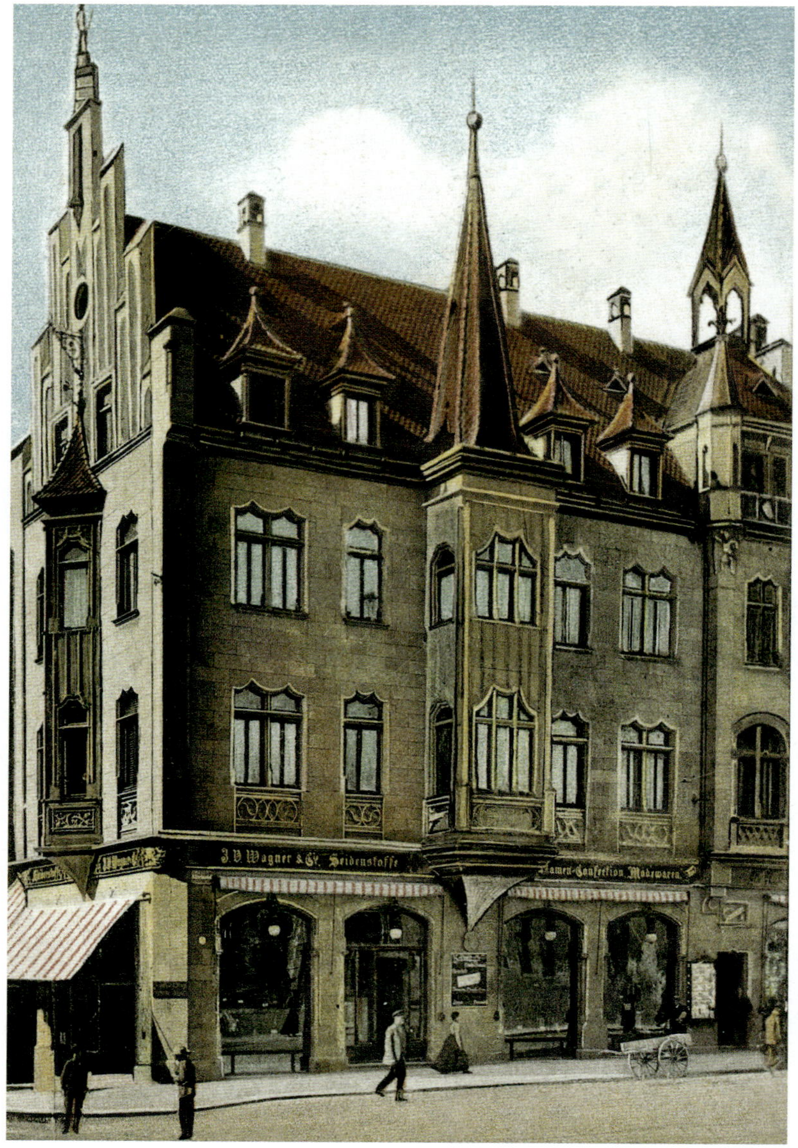

Diese Ansichten der Straßenecke sind eine Seltenheit. Die Häuserzeilen wurden 1945 ein Raub der Flammen.

Ecke Domstraße/Kürschnerhof

An der Stelle (Bildmitte Foto links) stand einst das Gebäude des Würzburger Landgerichts. Das Foto zeigt im weiteren Verlauf den Domvorplatz sowie das Häusergewinkel der Domstraße aus früherer Zeit. Eine schmale Durchfahrt führte die Pferdebahn und die Fußgänger in die Domstraße. 1894 beim Abbruch des Landgerichts wurde die Verbindungsstraße zwischen Domstraße und Kürschnerhof geschaffen.

Das schmucke Geschäftshaus (Foto rechts) mit dem zierlichen Erker entstand durch die Stadtbildveränderungen der damaligen Zeit. Die Häuserzeilen von einst wurden durch moderne Bauten und Geschäftshäuser der Neuzeit ersetzt.

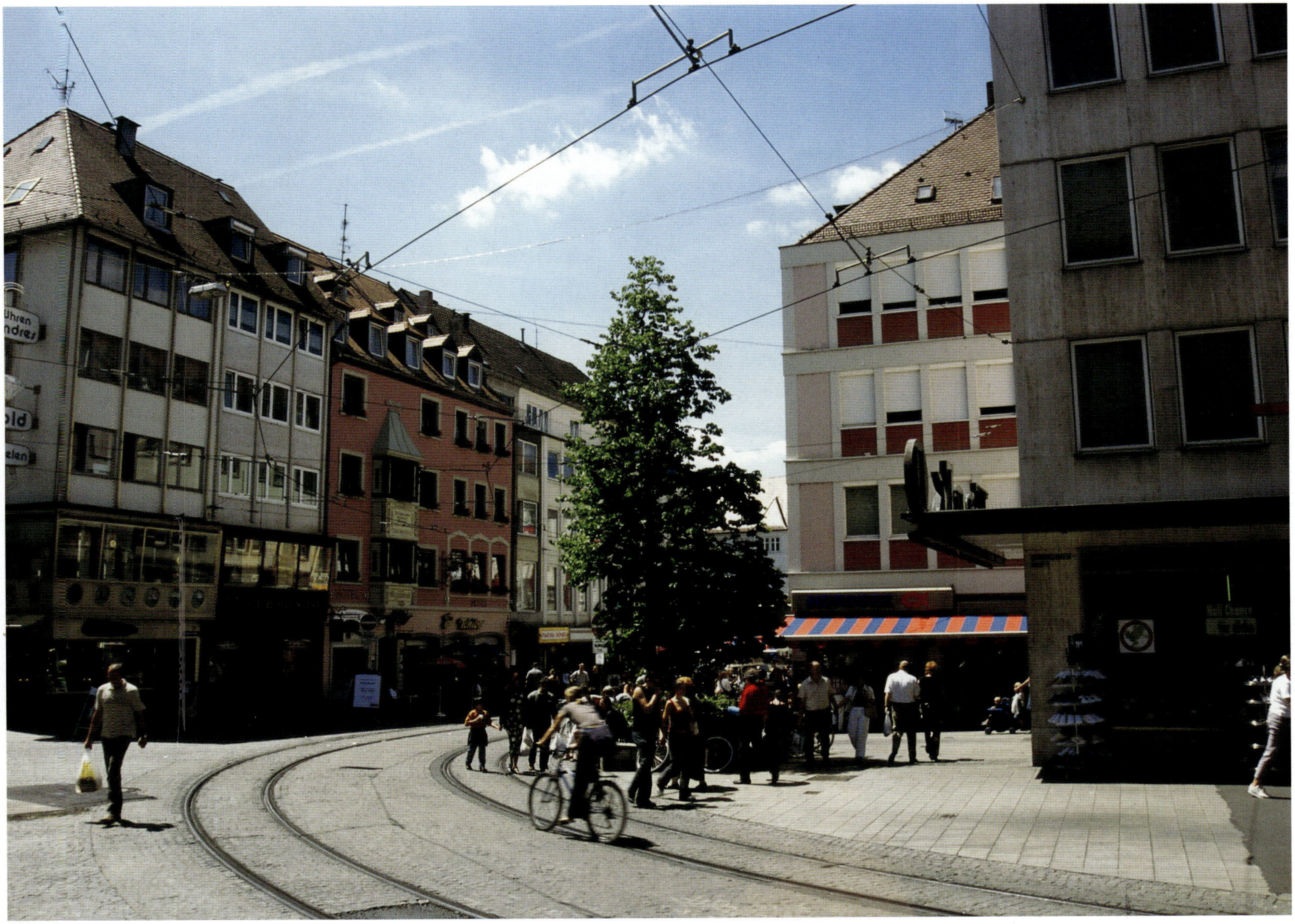

Die Ecke Domstraße/Kürschnerhof zeigt sich heute etwas kühler und moderner.

Sauber ist die Stadt wie ein Kurort und wirkt doch nirgends, als sei sie für ewige Bummler aufgeräumt. Auch der Werktag gibt sich hier festlich ...

Textzeilen aus „Begründung einer Liebe“ von Anton Dörfler, 1939

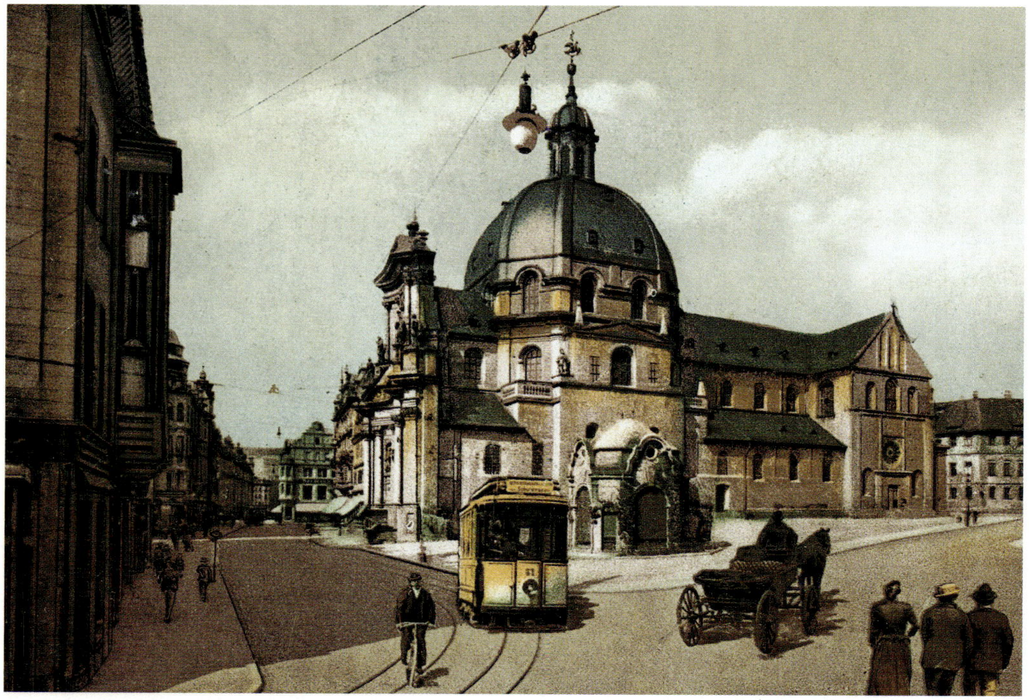

Kiliansplatz

Nach dem Abbruch des Salhofs und des Landgerichts im Jahre 1894 klaffte eine große Baulücke (Foto links) zwischen Dom und Neumünster. Neben der Grabgruft der Frankenheiligen Kilian, Kolonat und Totnan, die im Jahre 689 in Würzburg ermordet wurden, erhebt sich die romanische Basilika Neumünster empor. Die Kirche wurde im 11. Jahrhundert gebaut. 1223 bis 1247 wurden die Ostteile erneuert und der spätromanische achteckige Turm errichtet. 1710–1716 wurden die achtseitige Kuppel und die Fassade hinzugefügt. Im Innenraum wurden 1715 bis 1730 Stuckaturen von Dominikus Zimmermann angebracht.
Die Deckengemälde stammen von Johann Baptist Zimmermann und in der Kuppel von Nikolaus Struber. In der Doppelchoranlage besitzt die Kirche zwei Krypten. Im Osten unter dem Hochaltar die Kreuzgruft, unter dem Kuppelraum befindet sich die Kiliansgruft, die Grabstätte der Frankenapostel. 1929 wurde die Baulücke mit dem Bau der Sparkasse teilweise geschlossen. Nach Kriegsschäden wurde 1950 ein neues Gebäude an gleicher Stelle erstellt. 2002 wurde der Gebäudekomplex komplett restauriert und zum Teil erneuert. Heute befindet sich am Kiliansplatz (Foto unten) das Kilianshaus, in dem 2003 das Museum am Dom seine Pforten eröffnete.

Der noch unbebaute Kiliansplatz mit dem Grab von Sankt Kilian sowie dem Neumünster.

Wir rufen an den treuen Mann
Sankt Kilian,
Sankt Kolonat und Sankt Totnan!
Dich loben, dir danken
Deine Kinder in Franken, Sankt Kilian!

Fränkisches Wallfahrerlied

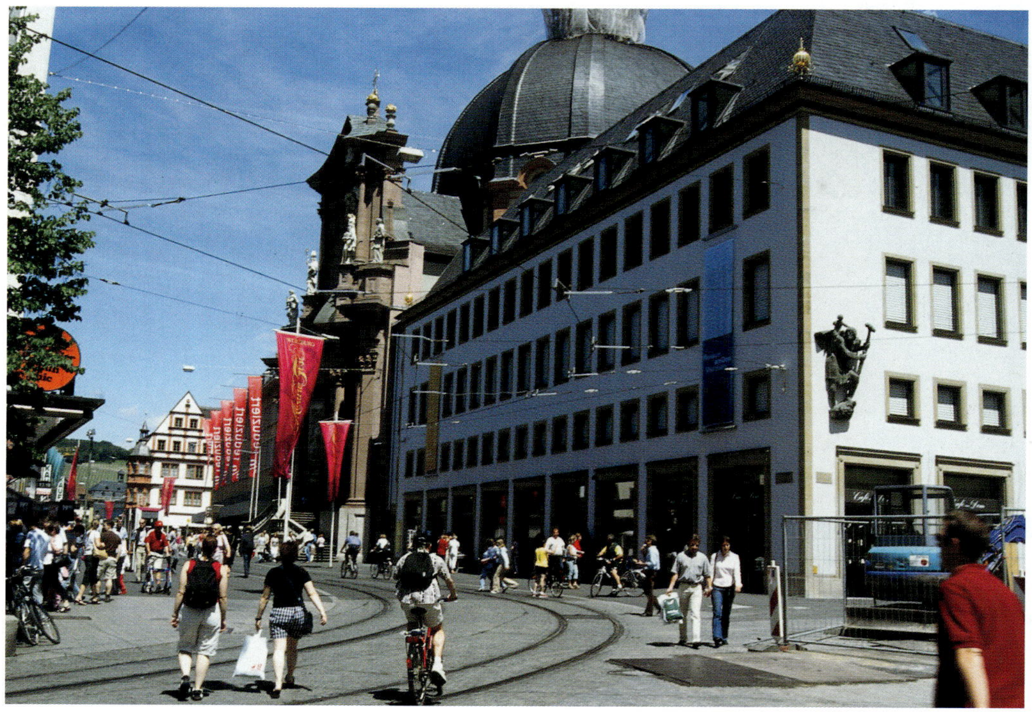

Auf dem Kiliansplatz befindet sich heute das neu renovierte Kilianshaus.

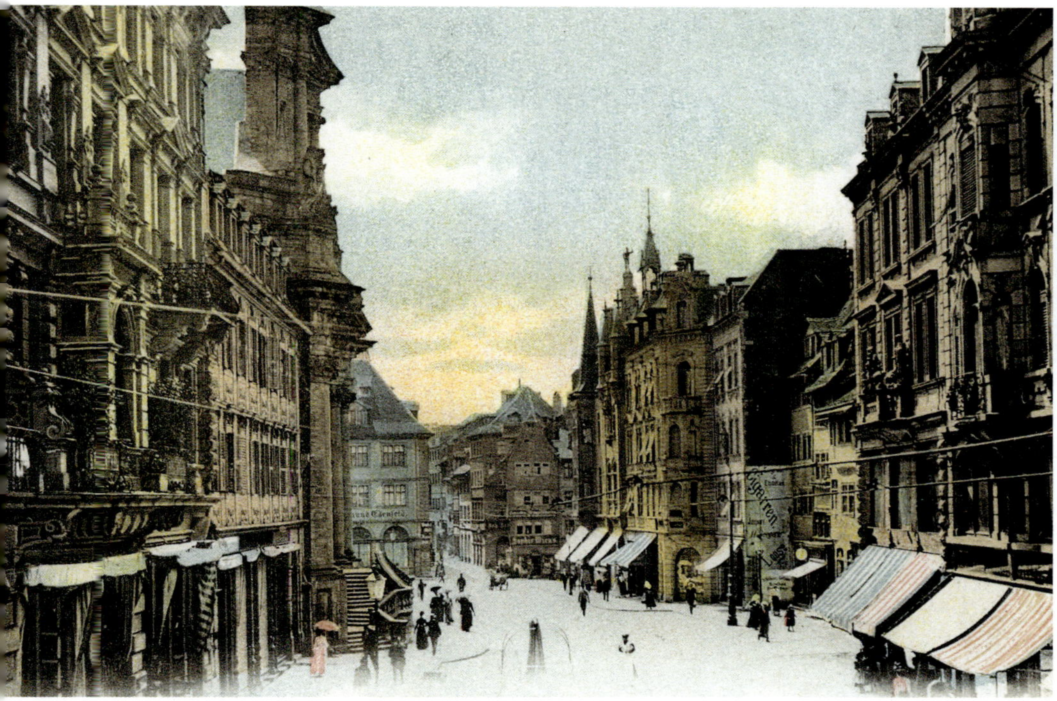

Die Aufnahme zeigt den Kürschnerhof in Richtung Dom.

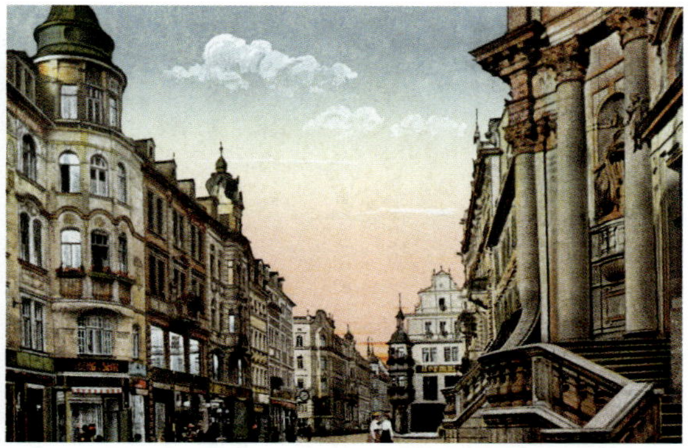

Blick vom Kürschnerhof in Richtung Schönbornstraße.

Kürschnerhof

Der Name Kürschnerhof wird abgeleitet von den Pelzhändlern, den Kürschnern. Um 1400 hatten sich die Kürschner am Salhof niedergelassen und erhielten die Erlaubnis, Buden zu bauen. Der Salhof lag zwischen dem Neumünster und dem Dom. Auf diesem Platz wurden außer Pelzwaren auch Geflügel, Käse oder Eier verkauft. In früherer Zeit war der Hof doppelt so groß wie heute und reichte bis zum heutigen oberen Markt. Aus den anfänglich noch kleinen Buden wurden bald kleine Häuser, in denen die Kürschner wohnten.
Als 1892 das neue Justizgebäude in der Ottostraße fertig gestellt war, wurde 1894 der alte Gebäudekomplex Salhof/Landgericht abgerissen. Die Häuserzeile auf der gegenüberliegenden Seite (Foto oben links) des Kürschnerhofs blieb erhalten und bot dem Betrachter bis 1945 ein beschauliches idyllisches Bild. Das Foto oben rechts zeigt den Blick in die Schönbornstraße, rechts das Haus zum Schönen Eck mit dem zierlichen Renaissanceerker. Den Kürschnerhof von einst gibt es nicht mehr. Das Gelände um den ehemaligen Salhof/Kürschnerhof wurde in die moderne Stadtplanung für zweckmäßige Bauten miteinbezogen.

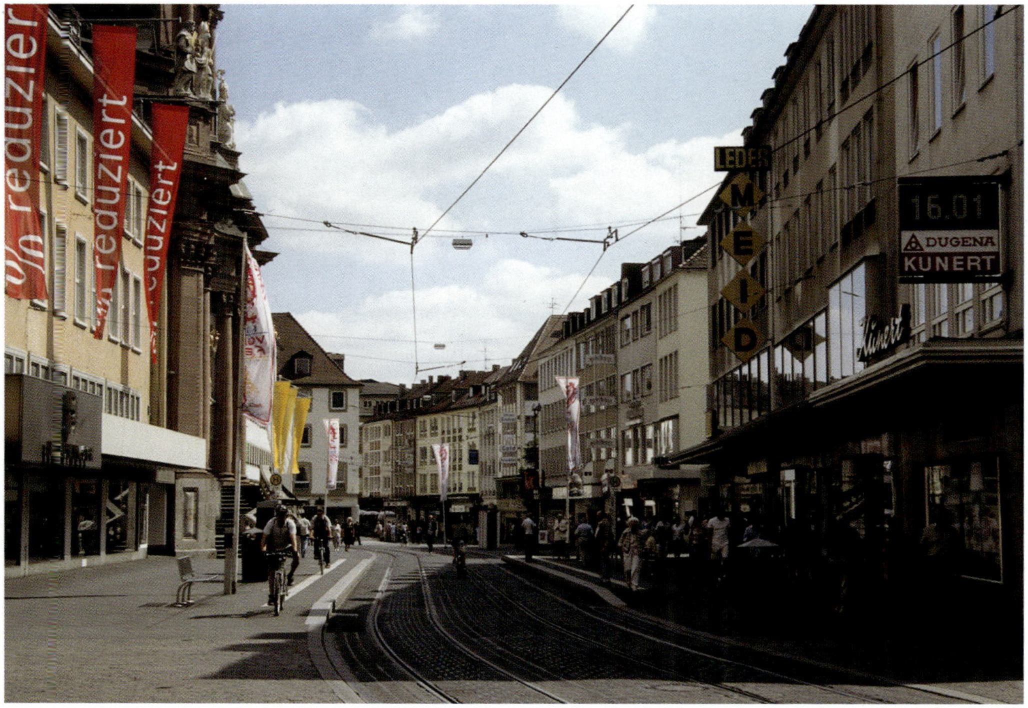

Der Kürschnerhof in Richtung Dom ist heute eine moderne Einkaufsstraße.

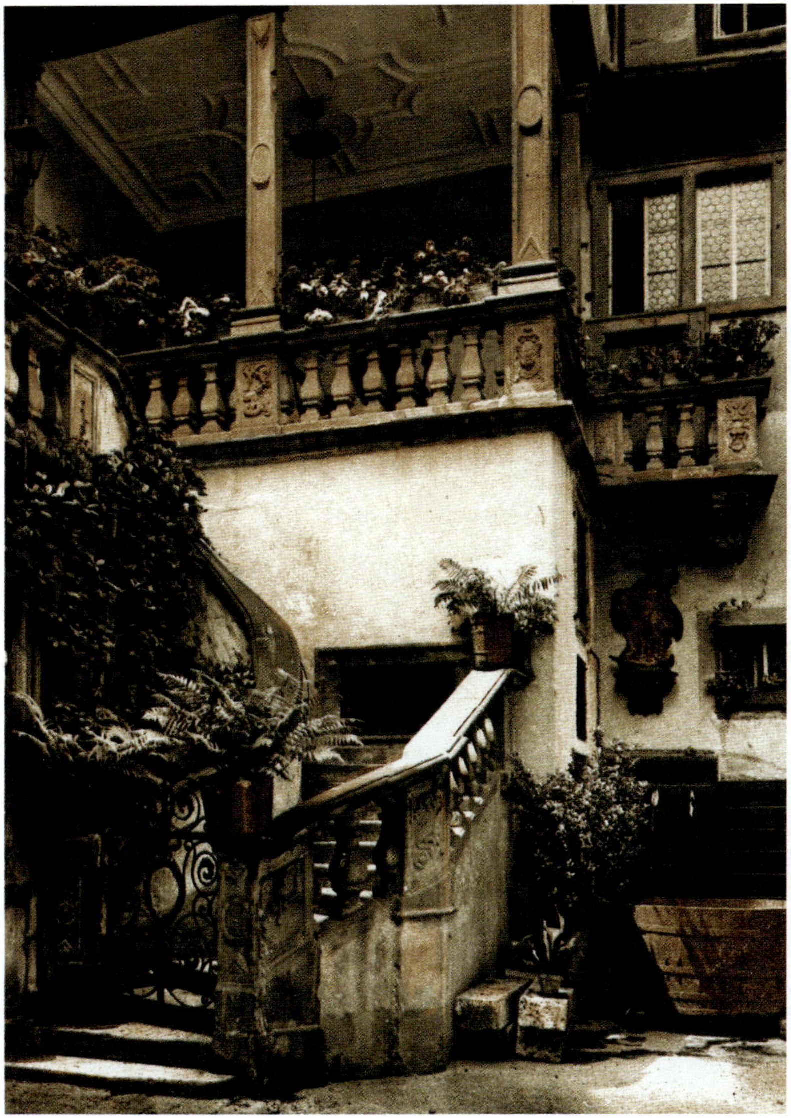

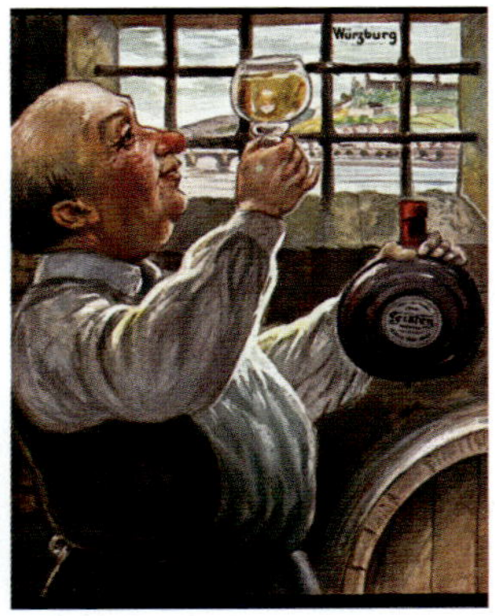

Der Hof zum Stachel ist das älteste Weinlokal Würzburgs.

Im malerischen Innenhof des Weinlokals zum Stachel kann man den Frankenwein genießen.

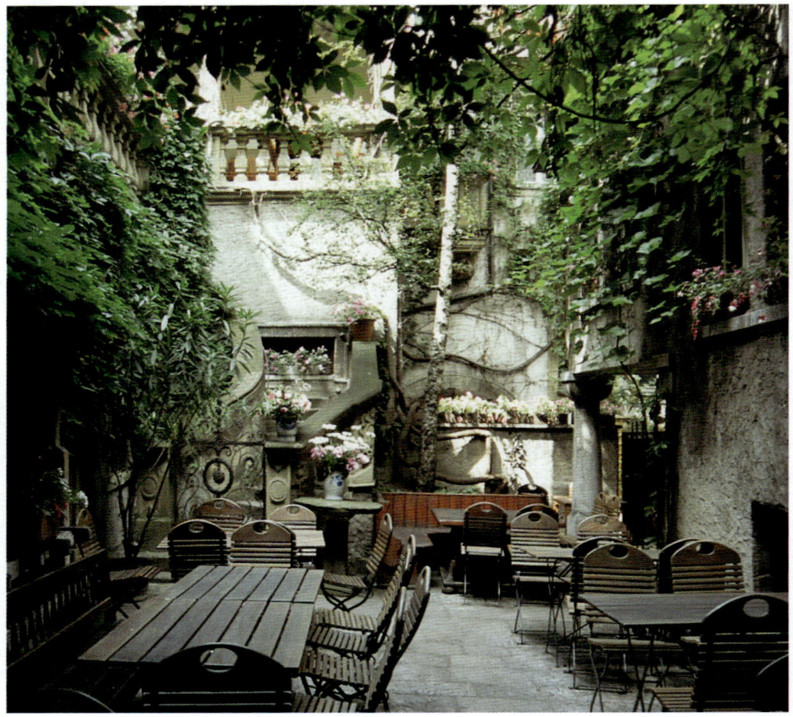

Gressengasse – Hof zum Stachel

Den Namen „Stachel" erhielt das Haus in den Tagen des Bauernkriegs. Als der „schwarze Haufen" der Taubertäler Bauern im Hof Quartier bezog, steckten die Bauern als Erkennungszeichen eine Stange mit einem Morgenstern zum Erker hinaus. Zur Erinnerung wurde fortan der Hof Stachelhof genannt. 1413 wurde der Stachelhof erstmals urkundlich erwähnt und ist somit eines der ältesten Weinlokale Deutschlands. „Der Stachelhof" hieß früher „Der hintere Gressenhof" und war Privathaus der Familie Gresse, hierdurch kommt auch der Name Gressengasse. 1413 wurde der Hof Gasthaus. Im 15. Jahrhundert diente er der Bürgerschaft als Versammlungslokal und im Bauernkrieg wurde er Hauptquartier der Aufständischen. Die Räume des Stachelhofs könnten sehr viel Geschichte erzählen. 1894 war der Hof im Besitz des Wirtes Kaspar Burger, der den Stil des Hauses entscheidend prägte.

Der Hof „Zum Stachel" ist einer der wenigen Höfe, die nach dem Kriegsbrand in alter Bauweise wieder erstanden sind. Der romantische Innenhof hat sein altes Gesicht wieder erhalten. Der Treppenaufgang und die Balustrade wurden nach Plänen von Architekt Altenhöfer wieder aufgebaut. Mit dem Weinhaus Stachel ist ein Stück altes Würzburg wieder erstanden.

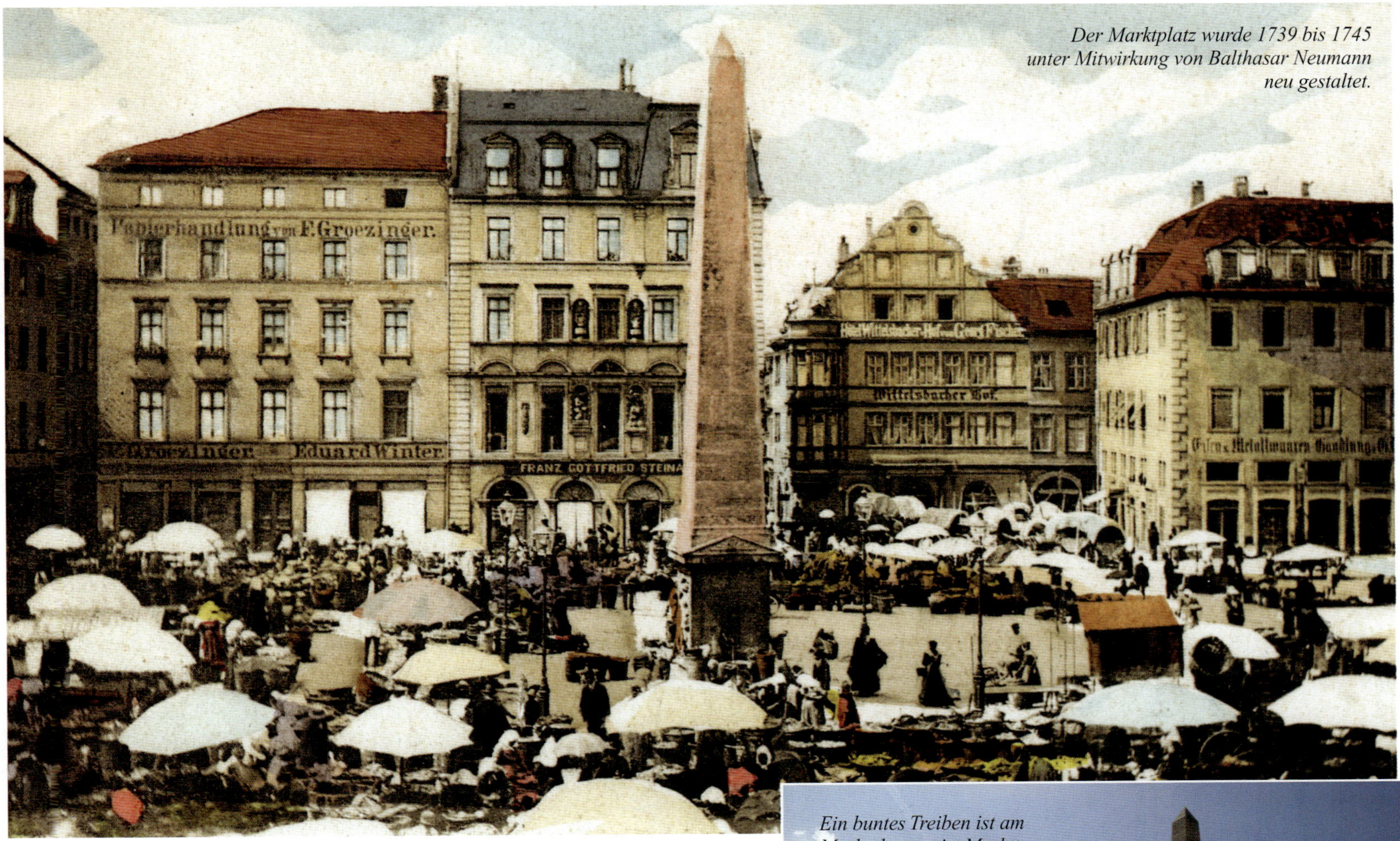

Der Marktplatz wurde 1739 bis 1745 unter Mitwirkung von Balthasar Neumann neu gestaltet.

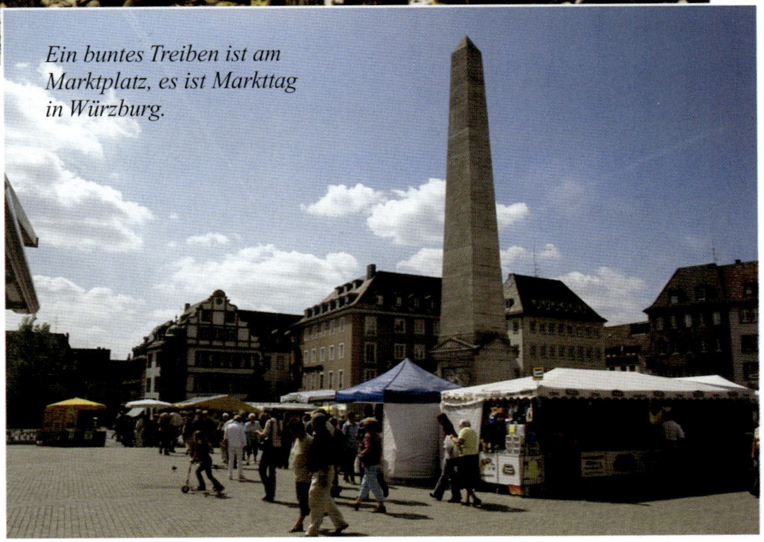

Ein buntes Treiben ist am Marktplatz, es ist Markttag in Würzburg.

Marktplatz

Der Marktplatz war früher Judenmarkt. Hier fanden aber auch Turniere statt. Im Laufe der Zeit wurde der Markt Bauernmarkt oder auch grüner Markt genannt. 1697 wurde der Marktplatz gepflastert. Fürstbischof Friedrich von Schönborn ließ von 1739 bis 1745 den Marktplatz neu aufbauen. Balthasar Neumann hat mit dem Bau einiger barocker Geschäftshäuser, z. B. dem Kaufhaus am Markt um den Platz, entscheidend bei der Gestaltung mitgewirkt. Der Marktbrunnen, ein Obelisk, wurde 1808 von J. A. Gärtner geschaffen. Die Reliefs nach antiken Vorbildern wurden von Martin Wagner, dem Sohn von Peter Wagner, entworfen. Den Marktplatz (Fotos rechts) begrenzt der Casteller Hof, früher Wittelsbacher Hof, ein Renaissancegebäude mit einem sehr schönen Erker.
Ein Teil des Marktes wurde in jüngster Zeit mit einer modernen Glasdach-Markthalle versehen. Hierdurch wurden fest stehende Marktbuden geschaffen. An den Markttagen bieten die Gemüsebauern vom Lande wie früher ihre Waren an eigenen Ständen an. Durch die Vielfalt der Waren und die Verschiedenheit der Marktstände hat sich das malerische typische Marktbild erhalten. Der Marktplatz ist heute lebendiger Mittelpunkt der Stadt.

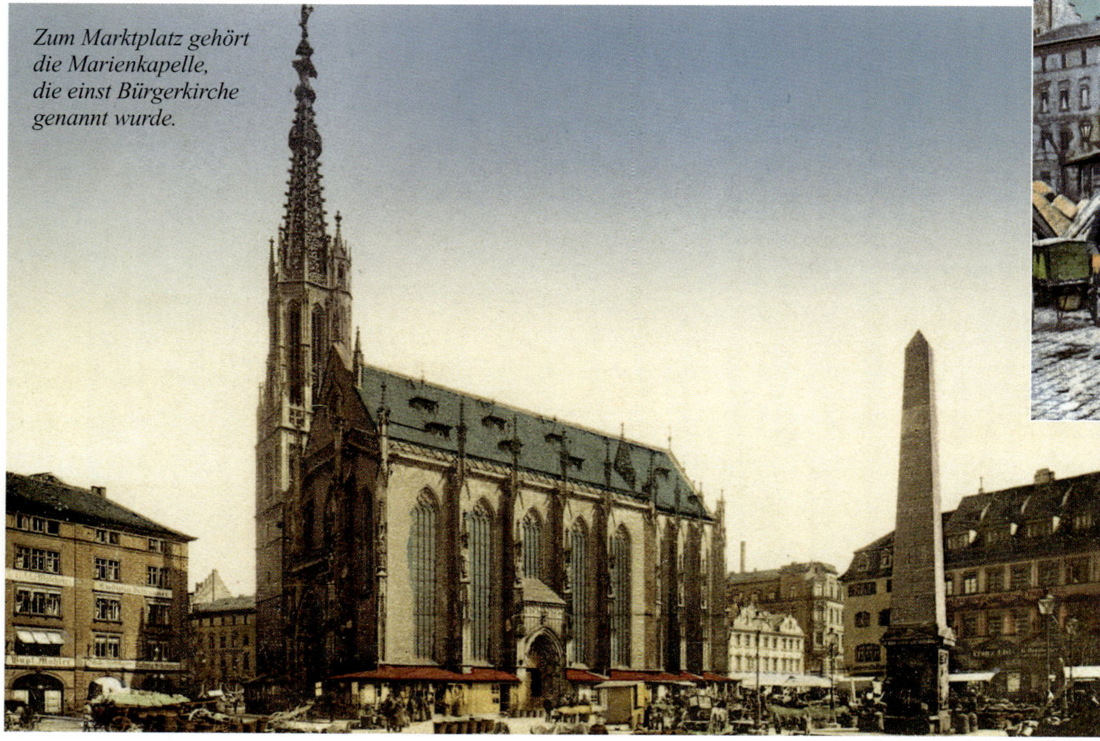

Zum Marktplatz gehört die Marienkapelle, die einst Bürgerkirche genannt wurde.

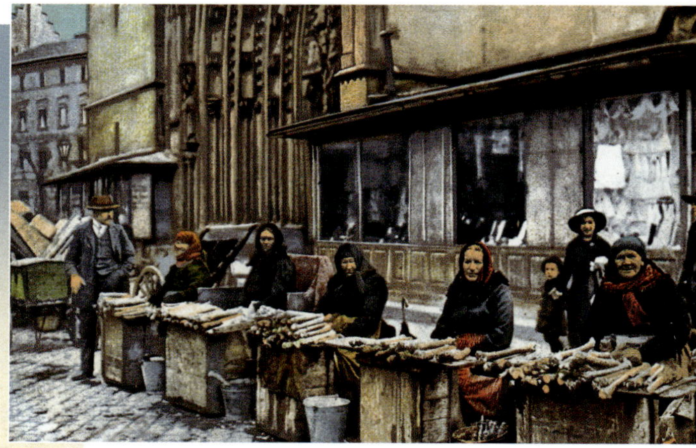

Die Marktfrauen gehören zu Würzburg, gestern wie heute.

Marktplatz – Marienkapelle

Auf dem Platz der ehemaligen Synagoge am Judenmarkt stand einst eine kleine Kapelle. 1377 setzte Bischof Gerhard von Schwarzburg den Grundstein für den neuen Kirchenneubau. 1393 war der Chor, 1441 das Langhaus vollendet. Der Turm, der 1480 fertig gestellt wurde, ist ein Kunstwerk von Eberhard Friedberger. Der durchbrochene Helm wurde, anstatt eines barocken Helmes von 1713, erst 1856 geschaffen. Die Kirche birgt folgende Sehenswürdigkeiten in sich: Die Torbogenfelder der drei Portale aus dem 15. Jahrhundert zeigen beachtliche Kunstwerke. Das nördliche Portal zeigt die Darstellung der Verkündigung Mariens. Für das Hauptportal schuf Riemenschneider um 1493 die Figuren Adam und Eva, die sich heute im Original im Mainfränkischen Museum befinden. Das Innere der Kirche birgt die Grabstätte Balthasar Neumanns in sich.

Die Marienkapelle ist heute nach der Renovierung wieder Würzburgs große Bürgerkirche. Vor der Kirche auf dem Marktplatz werden heute je nach Jahreszeit die Kilianimesse sowie die Allerheiligenmesse und der Weihnachtsmarkt abgehalten.

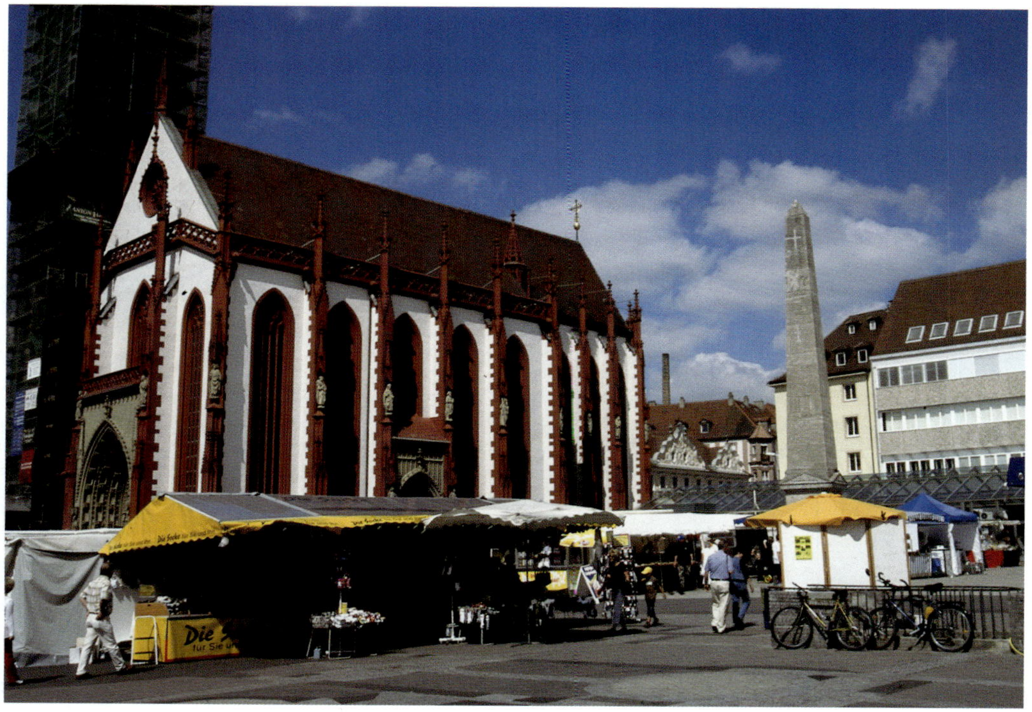

Vor der Marienkapelle findet das Marktgeschehen der Kilianimesse regen Zuspruch.

Oberer Markt – Falkenhaus

Die Marienkapelle und das Falkenhaus prägen das Gesicht des Oberen Marktes (Foto rechts). Das Haus zum Falken hieß früher „Hof zur Burgpfarre“. Seit 1338 diente der Hof als Wohnung für den Dompfarrer. Ab dem Jahre 1512 hieß das Haus „Schenstatt zum Falken“. 1735 erwarb der Kaufmann Thomas Meißner das Gebäude, der den ersten Außenschmuck anbrachte. 1751 wurde die prunkvolle Stuckdekoration sowie der Schmuck an den Giebeln angebracht. 1823 wurde das Falkenhaus an den Hofglaser Limg verkauft, der das Haus im Inneren umbaute und einen Ballsaal schuf. Lange Zeit war dieser Saal der einzige Konzert- und Ballsaal Würzburgs.
Im März 1945, während der großen Katastrophe, versank das Falkenhaus in Schutt und Asche. In den Jahren 1950 bis 1952 wurde es nach alten Plänen wieder aufgebaut. Im Falkenaus, das heute städtisches Eigentum ist, befinden sich die städtische Bücherei sowie das Fremdenverkehrsamt.

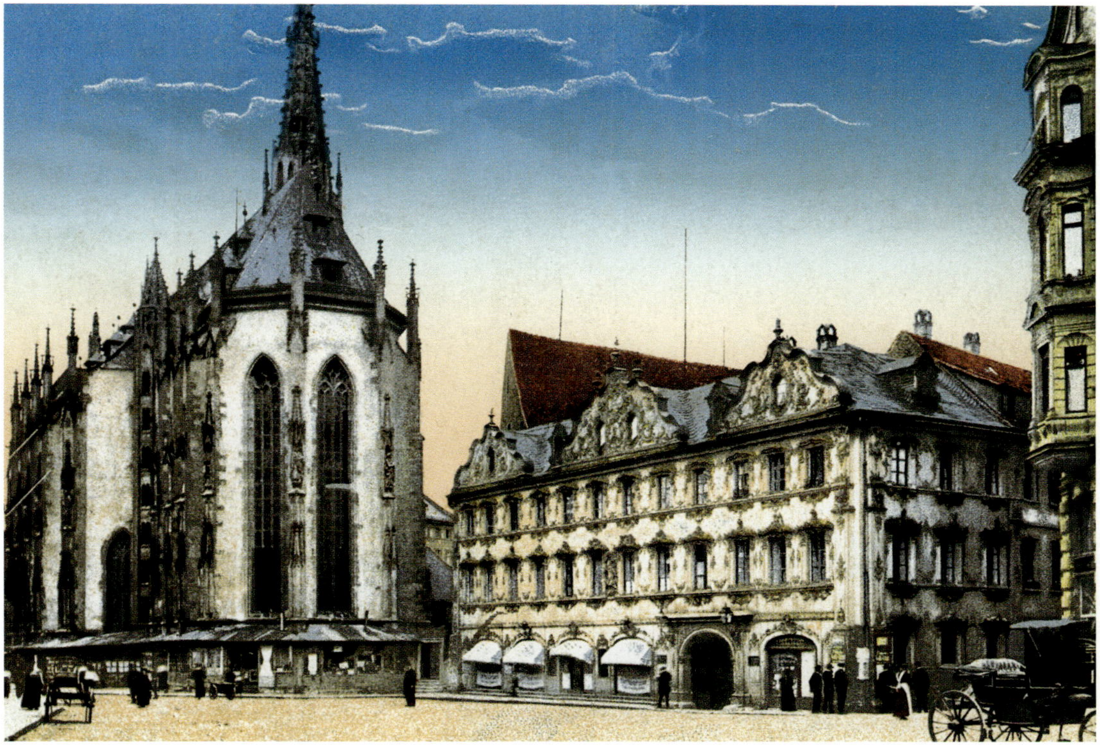

Das Haus zum Falken ist ein Schmuckstück am Oberen Markt.

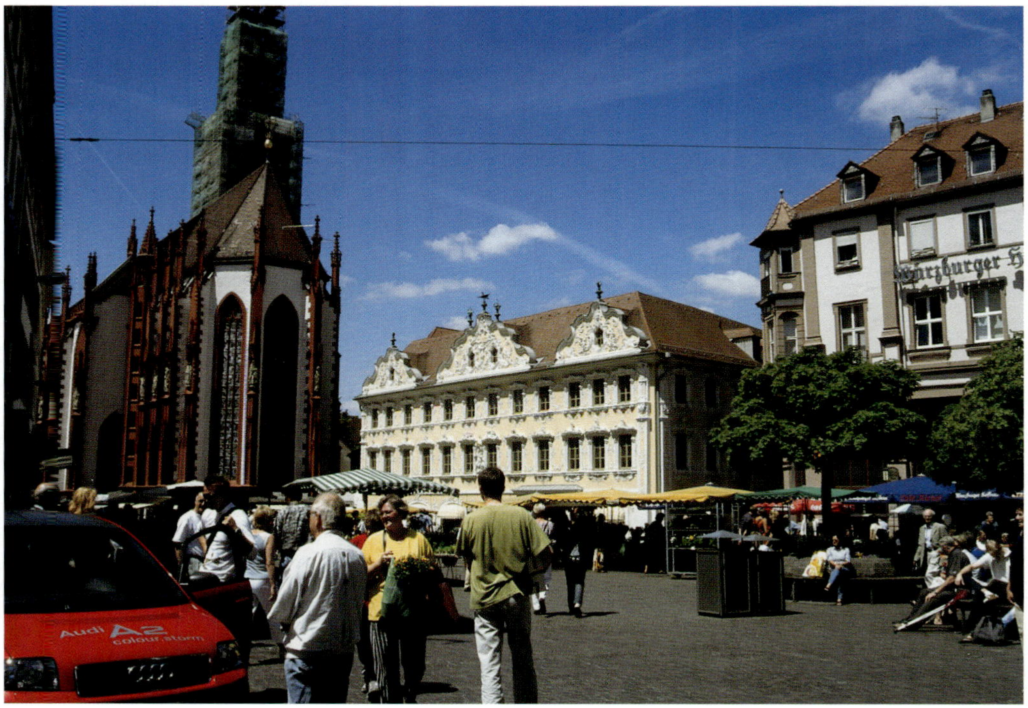

Das Haus zum Falken,
das wie ein Mozart'sches Menuett verläuft,
durchgefühlt bis in seine kleinsten Einzelheiten.
Ein wundersames Ding ist jedes Fenster für sich,
und gefällig bewegen sich die beiden Fensterreihen
in die Breite,
während die drei Zwerchgiebel freier darüber hinwegschwingen ...

Textzeilen aus „Würzburg, Stadt der Stimmungen“ von Friedrich Ludwig Barthel, 1926

Der Obere Markt mit Marienkapelle und Falkenhaus, ein Augenschmaus für Würzburg-Besucher.

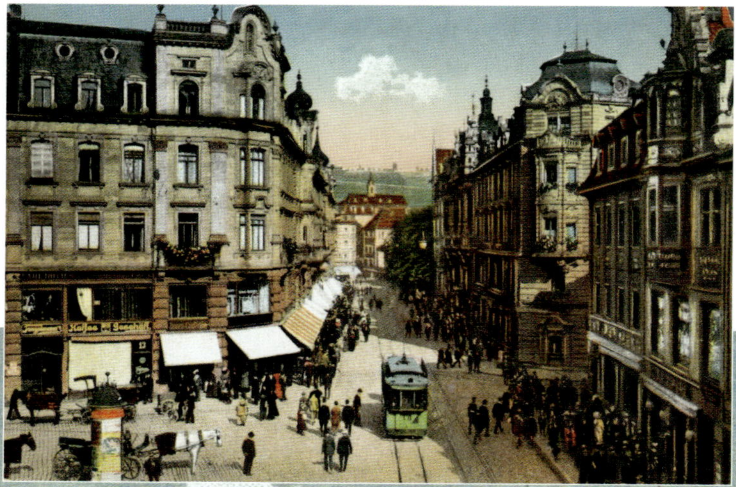

Die Aufnahme zeigt die Schönbornstraße in Blickrichtung zur Juliuspromenade.

Die Straße wurde im 19. Jahrhundert verbreitert und zur vornehmen Geschäftsstraße ausgebaut.

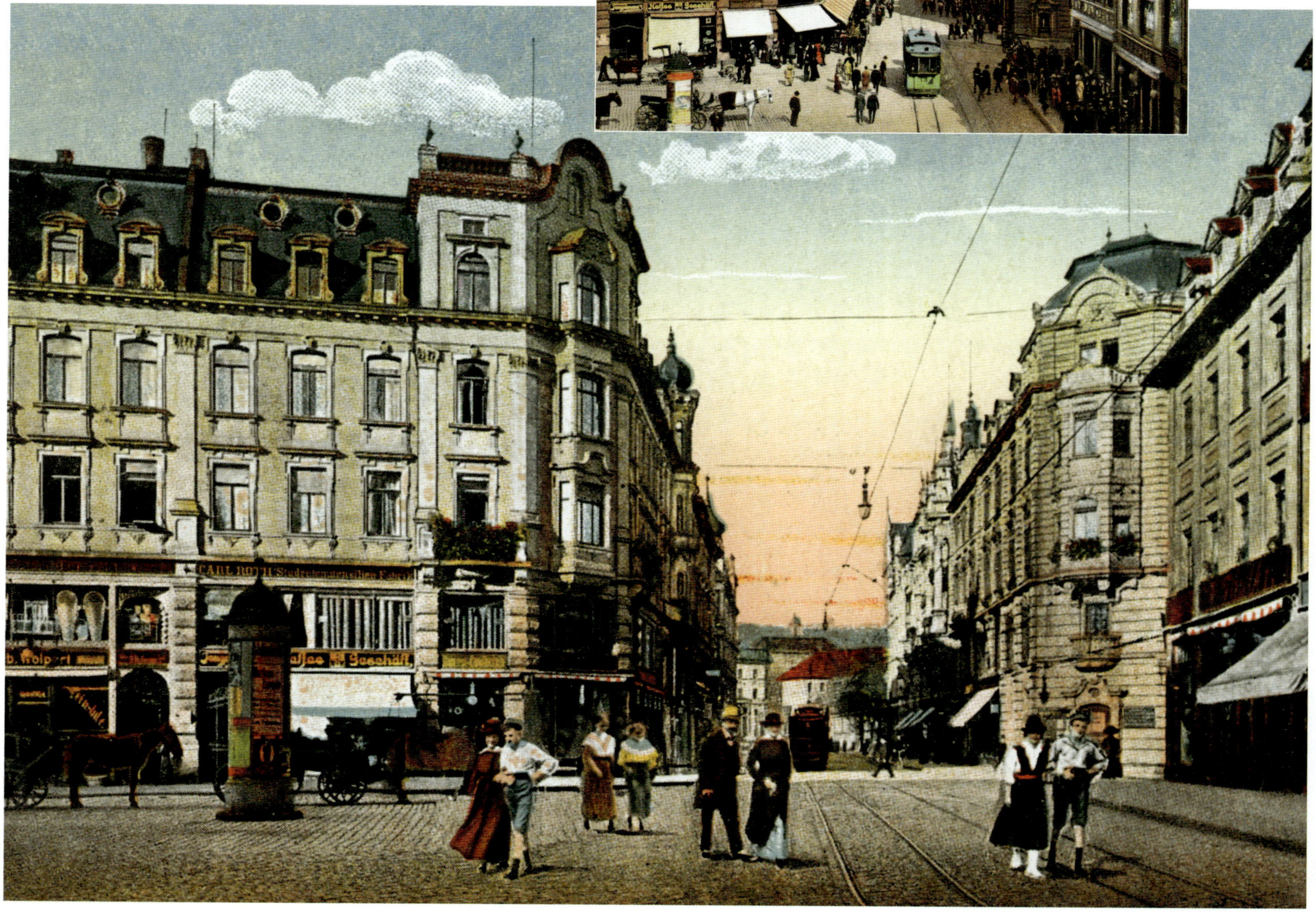

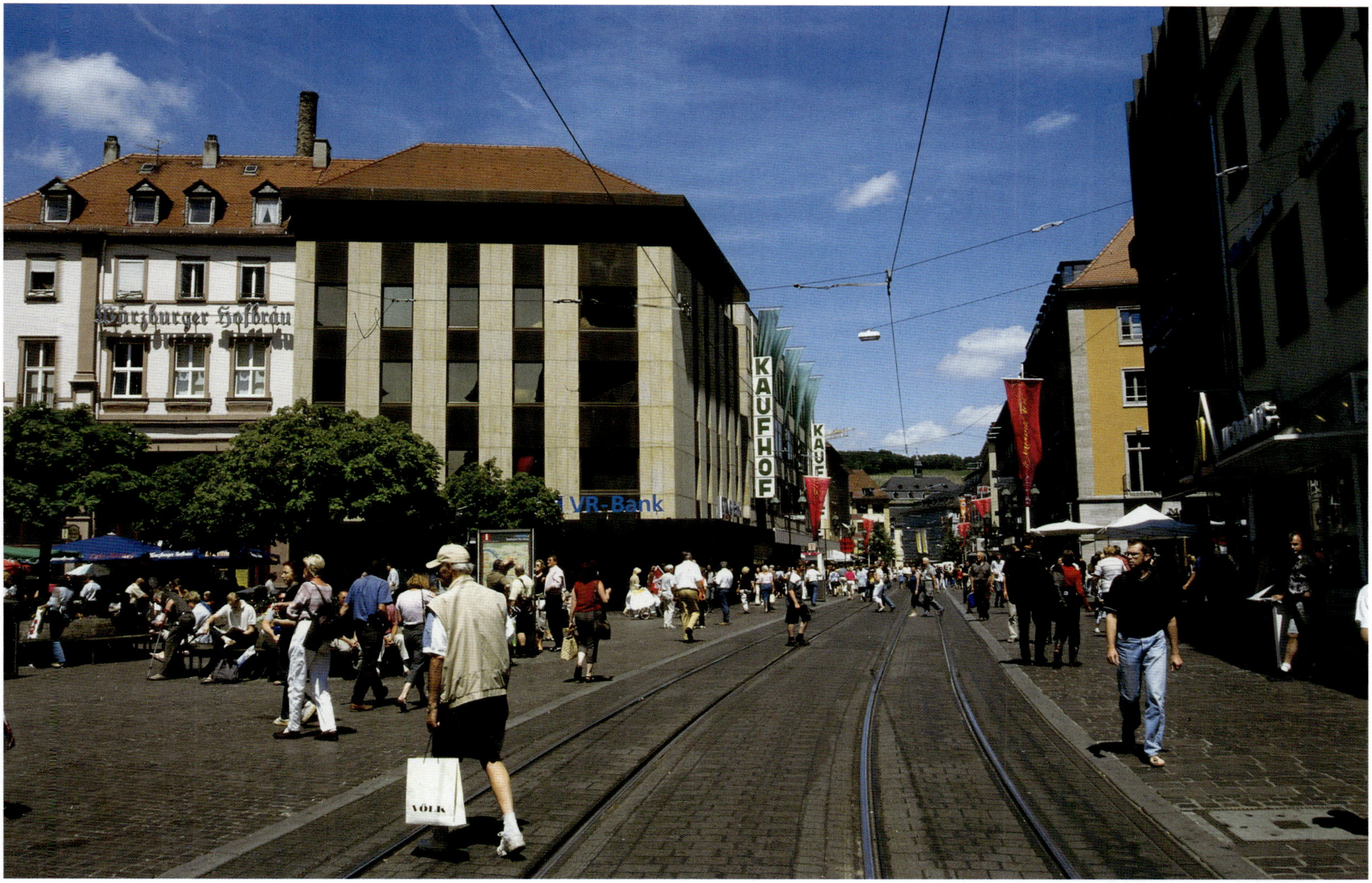

Die heutige Schönbornstraße ist nach dem Wiederaufbau eine belebte Einkaufsstraße in der City Würzburgs.

Schönbornstraße

Die Schönbornstraße ist Fortsetzungsstraße des Kürschnerhofs in Richtung Juliuspromenade. Die Straße wurde nach dem Grafengeschlecht der Schönborns benannt. Entlang der Schönbornstraße befanden sich Höfe und Bürgerhäuser. In den Jahren 1895 bis 1896 wurden die alten Höfe niedergerissen. Der 1897 abgebrochene Sandhof, heute Kaufhof, war der bekannteste. Es entstand 1898 eine Vorzeigestraße (Foto links) mit den Geschäftshäusern der damaligen Zeit. Die zahlreichen großen Bauten der Straße wurden im Zweiten Weltkrieg 1945 zerstört.
Der Wiederaufbau ging in der Schönbornstraße schnell voran. So konnte die Firma Neckermann bereits 1953 Richtfest feiern. Der Kaufhof entstand und konnte 1955 erweitert werden. Der Weg vom Kürschnerhof über die Schönbornstraße zur Juliuspromenade ist heute eine der Haupteinkaufsadern der Stadt.

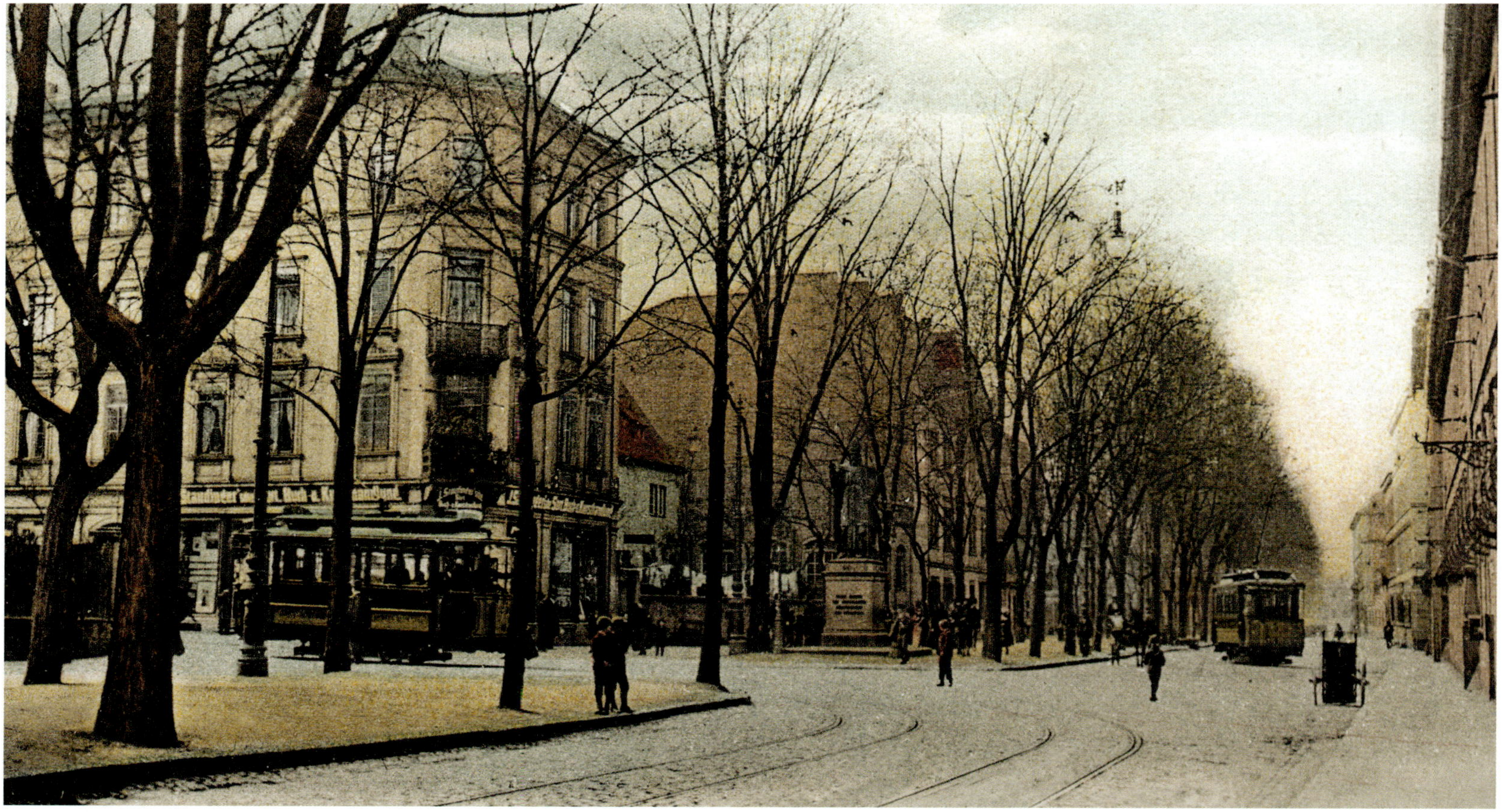

Diese Aufnahme zeigt die Juliuspromenade sowie links die Ecke Dominikanerplatz.

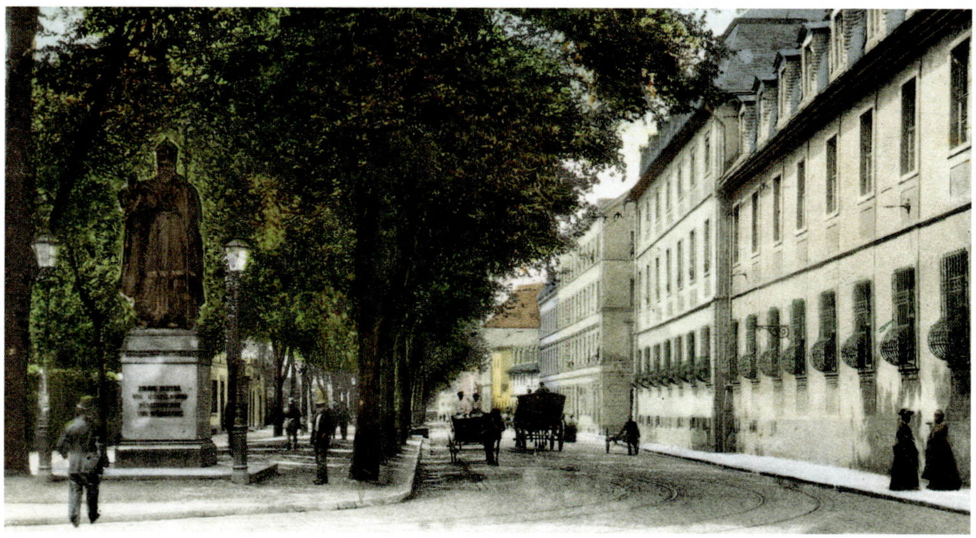

Blick in die Promenade mit Julius-Echter-Denkmal und Ansicht auf das Juliusspital.

Die Juliuspromenade ist heute eine etwas nüchtern wirkende Straße.

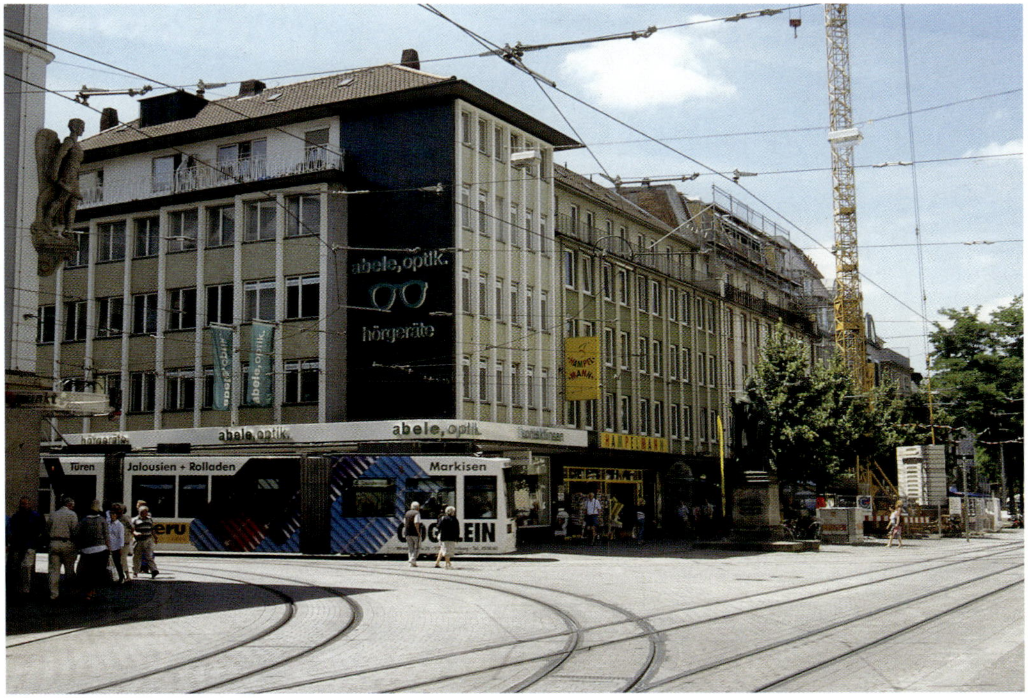

Juliuspromenade

Die Promenade erinnert an den Bischof Julius Echter von Mespelbrunn. Die Juliuspromenade hieß früher Grabenweg, da bis 1738 der alte Graben dort vorbeilief. Erst Mitte des 18. Jahrhunderts erhielt die Straße ihren heutigen Namen. 1847 wurde das Julius-Echter-Denkmal (Foto unten links), das von Max Ritter von Widmann entworfen wurde, errichtet. Hofbaumeister Joh. Ph. Geidel legte auf der Promenade eine Lindenallee an. 1855 kamen dann noch Gaslaternen hinzu. Die Fassade des Juliusspitals thronte mächtig neben der Straße. Die Juliuspromenade lud zum Promenieren ein.
Die Baumalleen von einst sind längst verschwunden. Die obere Juliuspromenade ist heute Umsteigebahnhof für Straßenbahnen und Busse. Auf dem unteren Teil wurden Parkplätze für Autos geschaffen. Die Promenade hat ihre Gemächlichkeit verloren, der Verkehr der Neuzeit hat die Straße voll im Griff.

Und wer, so fragst Du, hat in solch großartiger Weise Zier und Schmuck dieser einzigartigen Stadt gegeben? Die Schönborn taten's und vor Ihnen Julius Echter, die Herren der Stadt und Herzöge in Franken.

Johann Zahn, 1696

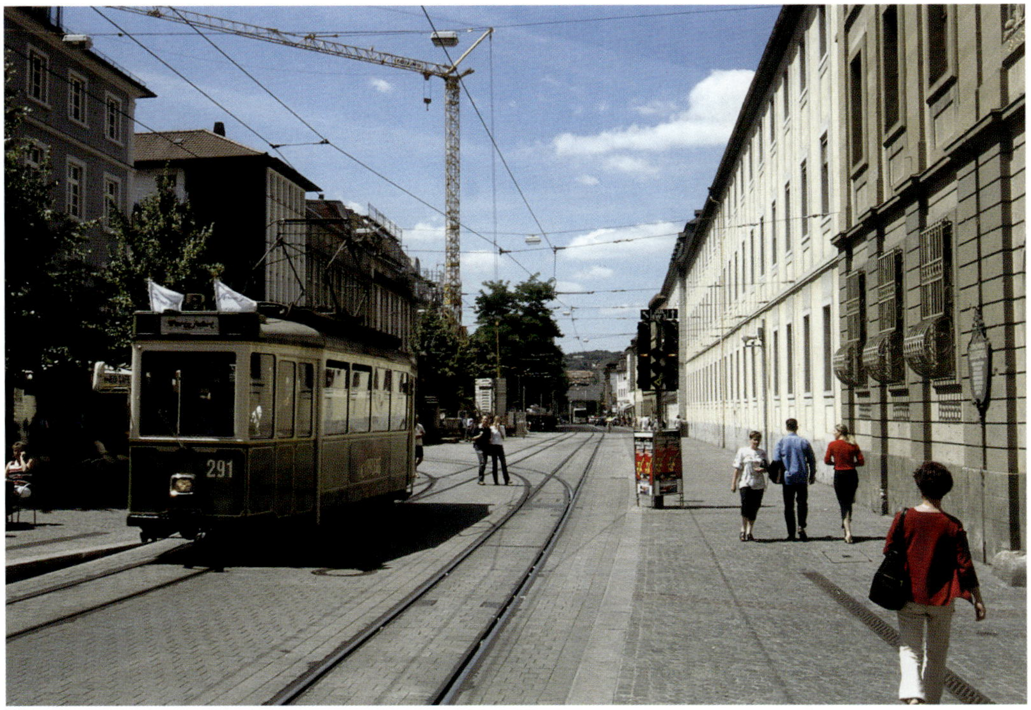

Mit dem Schoppenexpress, einer alten Straßenbahn, kann man Stadtrundfahrten durchführen.

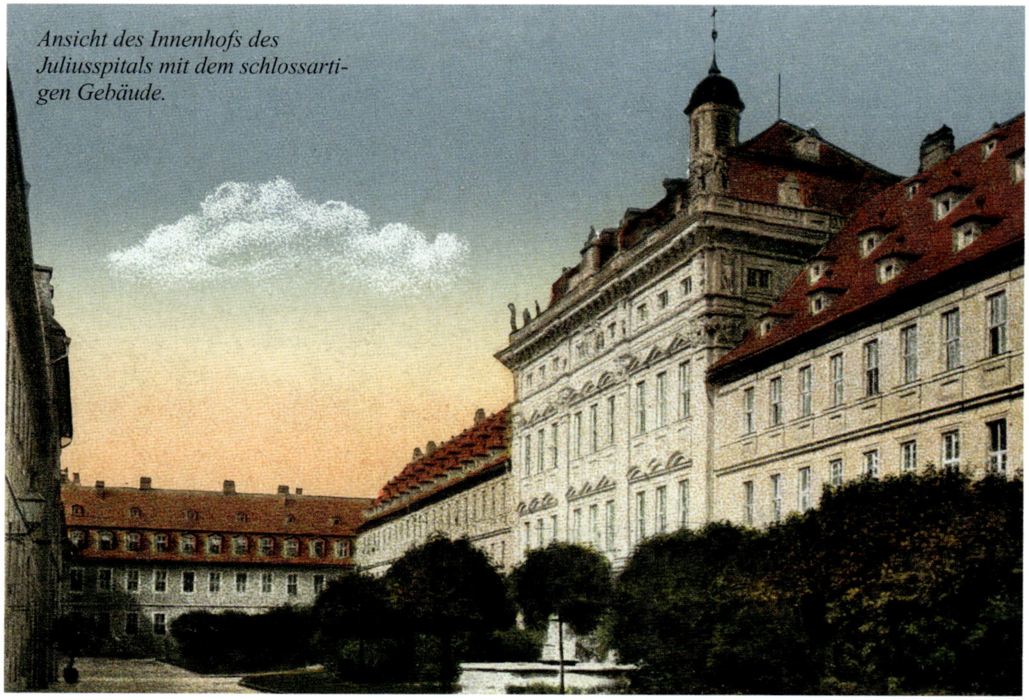

Ansicht des Innenhofs des Juliusspitals mit dem schlossartigen Gebäude.

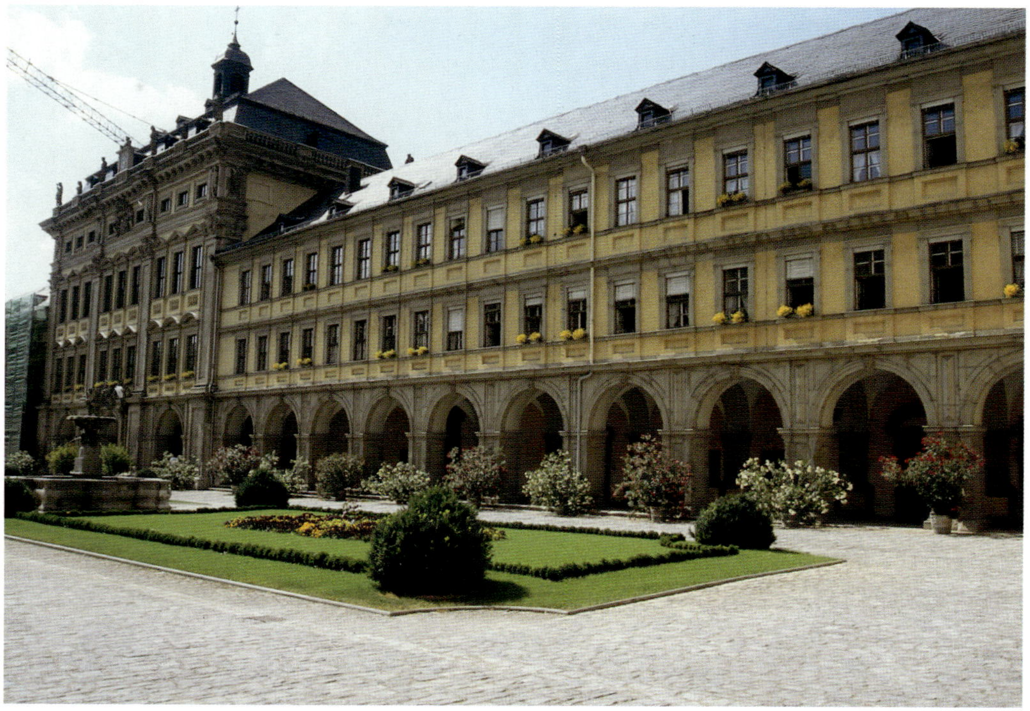

Im Prachtbau des Juliusspitals sind heute einige Abteilungen des Krankenhauses untergebracht.

Juliusspital

Im Jahre 1576 stiftete Julius Echter von Mespelbrunn die Einrichtung des Juliusspitals. Die Aufgaben der Stiftung „für Arme, Brasthafte und Kranke“ sind in der so genannten steinernen Stiftungsurkunde, die sich über dem Hauptportal befindet, dargestellt. Die ursprünglichen Renaissancegebäude des hinteren Hauptflügels wurden nach dem Brand von 1699 ersetzt. Um 1700 wurde der Fürstenbau von Antonio Petrini erbaut (Foto links). Im Mittelpunkt des Fürstenbaues befand sich ein großer Festsaal. 1790 wurde die Straßenfront nach Plänen von Heinrich Alois Geigel errichtet.
Das Juliusspital wurde im Luftangriff 1945 sehr stark getroffen. 1950 wurden die Flügelbauten zwischen dem Mittel- und Eckpavillon erneuert. Bis 1956 wurde der Baukomplex nach alten Plänen wiederhergestellt. Im Erdgeschoss des Fürstenbaus findet man die Rokoko-Apotheke in ihrer Originaleinrichtung. Unter Fürstbischof Adam Friedrich von Seinsheim entstand 1699 bis 1714 der Apothekenraum. Der Park hinter dem Spital ist im französischen Stil angelegt. Der Barockbrunnen von 1706, den Jakob van der Auvera schuf, stellt die Flüsse Frankens dar.

Das Juliusspital ist heute akademisches Lehrkrankenhaus der Universität Würzburg. Alle erforderlichen modernen diagnostischen und therapeutischen Einrichtungen und Geräte stehen zur Verfügung. Die Stiftung Juliusspital betreibt neben dem Krankenhaus ein Senioren-, Pflege- und Pfründerstift. Weitere Aufgabe ist die unentgeltliche Abgabe von Mahlzeiten an Arme. Die Stiftung bewirtschaftet umfangreichen Grundbesitz, auf dem Weinbau, Forsten und Landwirtschaft betrieben wird.

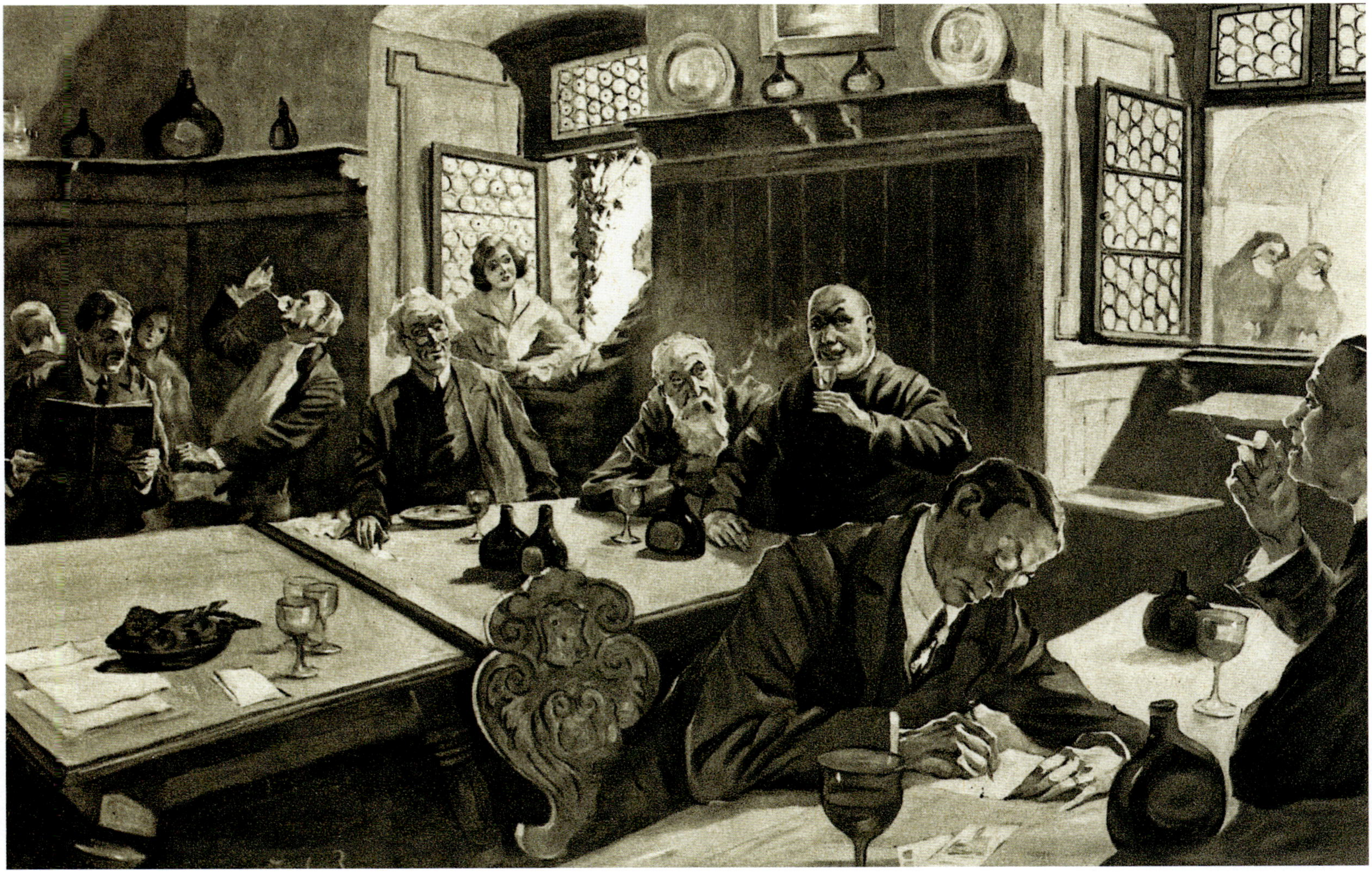

Die alte Weinstube des Juliusspitals nach einer Zeichnung von R. Koch-Zeuthen.

Juliusspital – Weinphilosophie

Das Weingut Juliusspital gehört mit seinen 168 Hektar Rebfläche zu den bedeutendsten Weingütern Deutschlands. Der historische Holzfasskeller unter dem Fürstenbau erfüllt nach wie vor eine wichtige Funkion. Hier formen Önologen Weine, die ihre natürlichen Anlagen bewahren.
Die Qualitätsphilosophie des Weingutes lautet: Hervorragende Weinbergslagen mit einem hohen Anteil an Steillagen als Basis. Selektive Lese gesunder reifer Trauben, reduzierter Ertrag. Naturgemäße nachhaltige Bewirtschaftung der Weinberge, um die natürlichen Lebensumstände zu bewahren. Dauerhafter hoher Qualitätsstand des Sortiments über Jahre hinweg auf der Basis einer fest umrissenen Qualitätspyramide. Anbau von wertvollen Standard-Rebsorten. Anbau, Ausbau und Vermarktung durch qualifizierte und motivierte Mitarbeiter, die sich persönlich mit dem Juliusspital und dessen Weinen identifizieren. Hierfür erhielt das Weingut Juliusspital die Auszeichnung „Equipe des Jahres" der Fachzeitschrift „Der Feinschmecker".
Die Weinstuben des Juliusspitals bieten Toskana-Feeling und Frankenwein. Im Weinstubenhof mit Olivenbäumchen kann man sich wohl fühlen. In der Echterstube lässt sich der Wein bei Fisch, eine Spezialität des Hauses, gut munden.

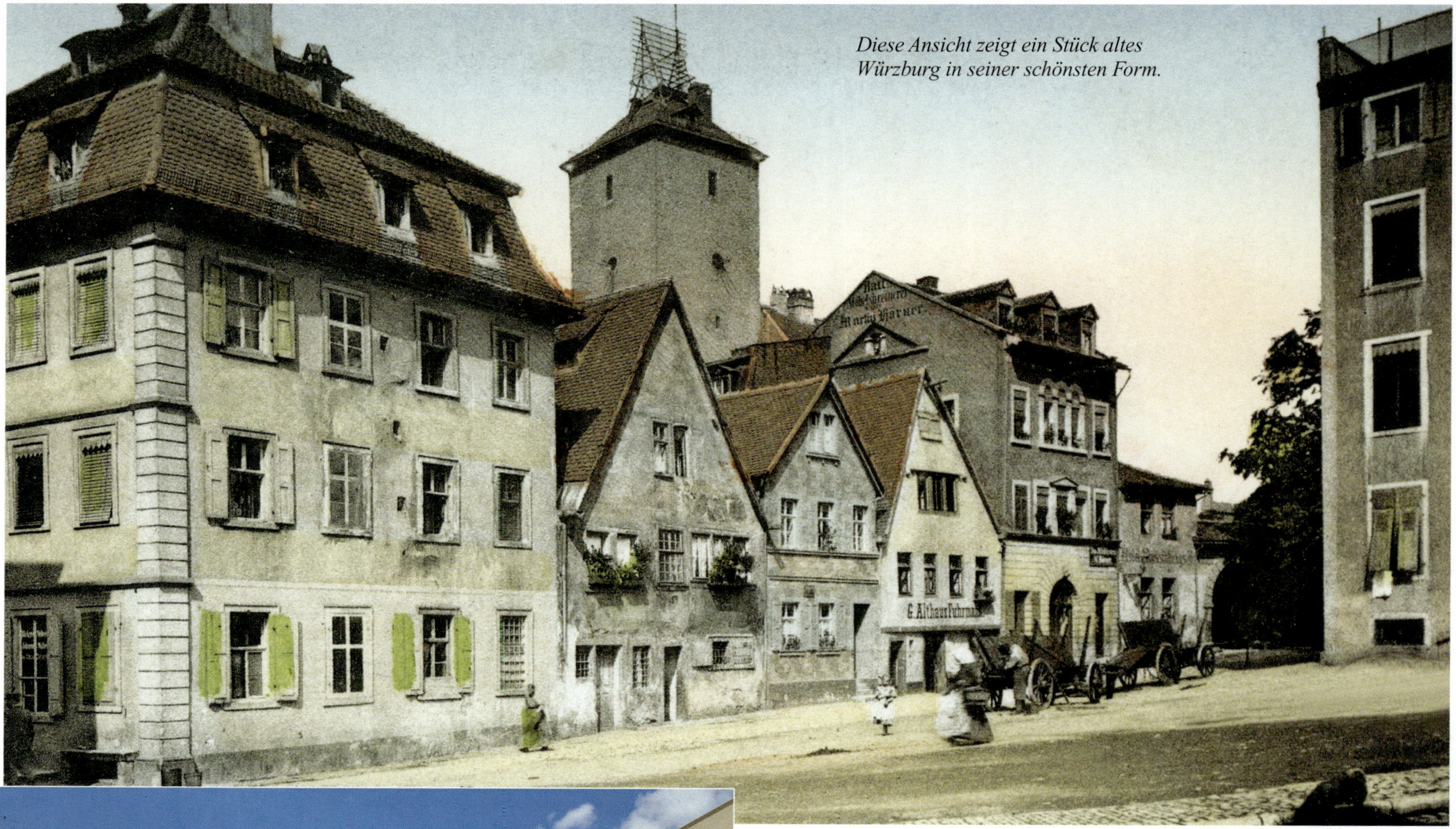

Diese Ansicht zeigt ein Stück altes Würzburg in seiner schönsten Form.

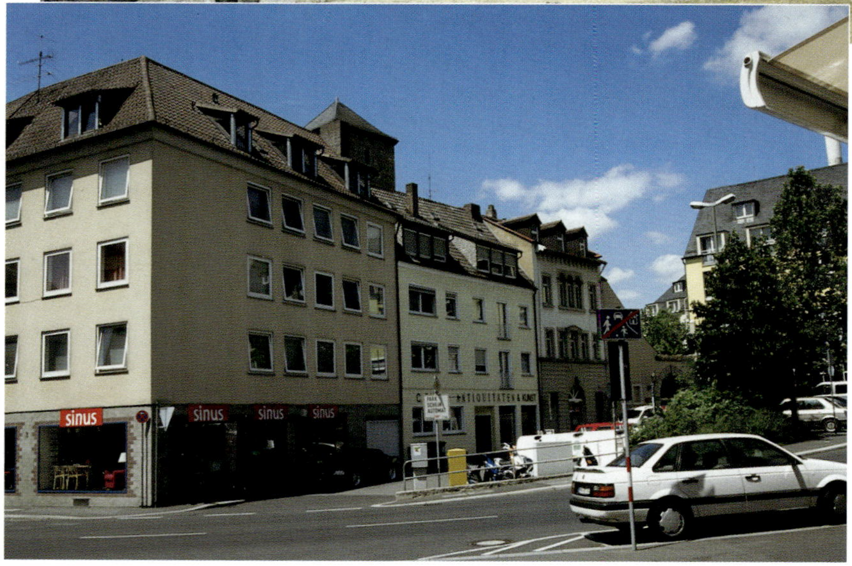

Pleichertorstraße

Die Vorstadt Pleich erhielt ihren Namen von dem Flüsschen Pleichach. 1133 wird die Vorstadt in Urkunden erstmals erwähnt. Die Pleich ist das älteste Stadtviertel Würzburgs. Das Pleichertor stand in der Nähe des Schlachthauses unweit der Veitshöchheimer Straße. Die Häusergruppe (Foto oben) zeigt im Hintergrund den Schneidturm, der im 14. Jahrhundert erbaut wurde. Mit 30 Metern Höhe ist er ein mächtiges Überbleibsel der mittelalterlichen Befestigungsanlagen. Im 18. Jahrhundert wurde der Turm als Gefängnis benutzt. Das Haus vor dem Turm war die Wohnung des Landgerichtsdieners.
Die kleinen Häuser sind durch Gebäude der Nachkriegszeit ersetzt worden. Der Blick zum Schneidturm ist dadurch heute versperrt (Foto links). Im Pleicherviertel wurde das älteste erhaltene Würzburger Bürgerhaus aus dem Jahre 1581 vom Verschönerungsverein erworben und 1998 saniert.

Die Häuser der Pleichertorstraße wurden nach 1945 in veränderter Form wieder aufgebaut.

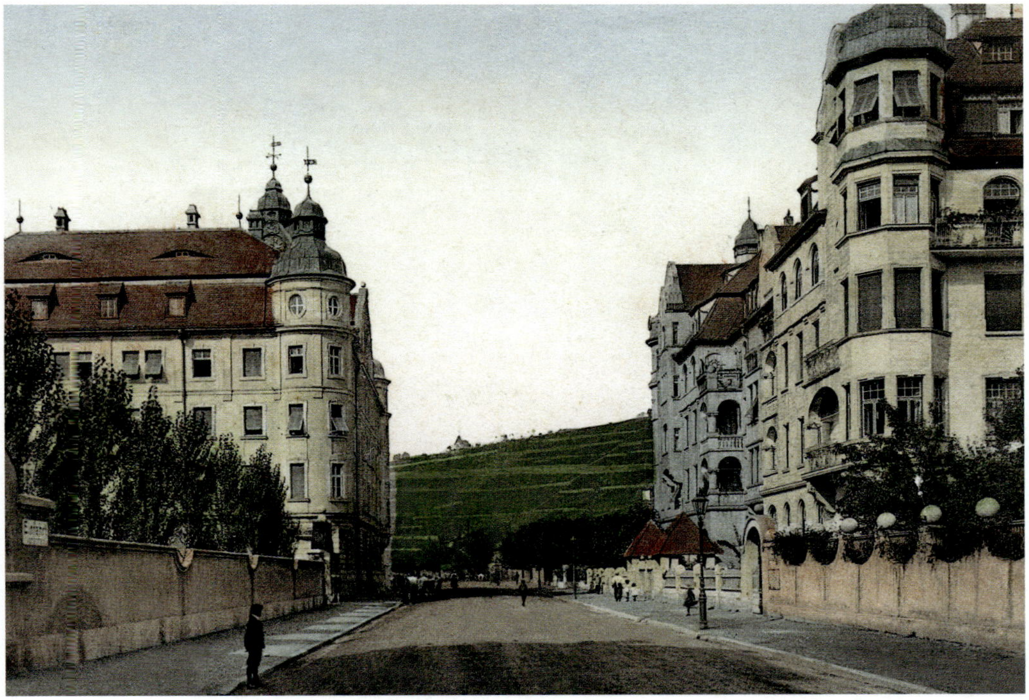

Veitshöchheimer Straße

Die Straße verbindet seit alters her die Stadt Würzburg mit der Gemeinde Veitshöchheim. In der Veitshöchheimer Straße stand der Städtische Viehhof, der 1984 beim Bau des CCW (Congress Centrums) abgerissen wurde. Das 1907 erbaute Hauptzollamt auf der rechten Seite der Straße ist heute noch recht gut erhalten. Seit 1875 gibt es in Würzburg unmittelbar an der Veitshöchheimer Straße den Winterschutzhafen: 1905 wurden die Lagerhäuser in der Veitshöchheimer Straße gebaut. Die Abmessungen der Hallen betrugen 128 Meter in der Länge sowie 17 Meter in der Breite auf drei obertägigen Lagergeschossen.

Nachdem die Lagerhäuser ausgedient hatten und das Speichergelände dem Verfall nahe war, wurde von der Stadt 1995 ein Architekturwettbewerb durchgeführt. Nach Plänen des Architekten Peter Brückner wurde der Kulturspeicher restauriert und umgebaut. Nach erfolgreichem Umbau wurde 2002 in den ehemaligen Lagerhäusern Veitshöchheimer Straße Nr. 5 das „Museum im Kulturspeicher“ eröffnet.

Diese Straße war eine breit angelegte Ausfahrtstraße in den Ort Veitshöchheim.

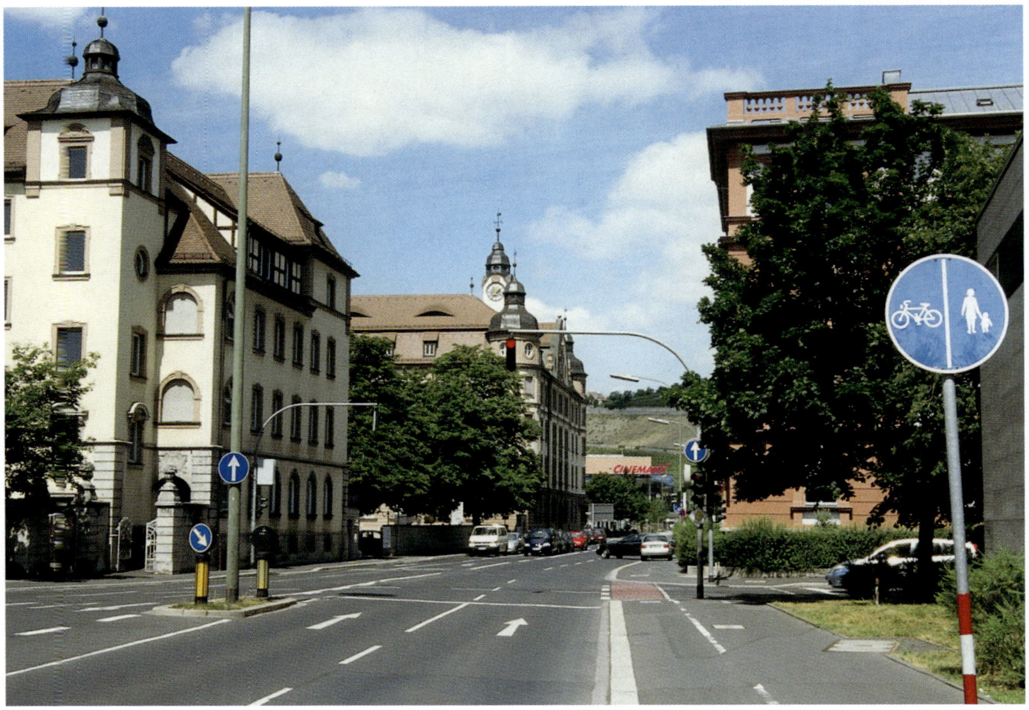

Das Zollgebäude links ist noch gut erhalten, hinter dem Gebäude befindet sich der Kulturspeicher.

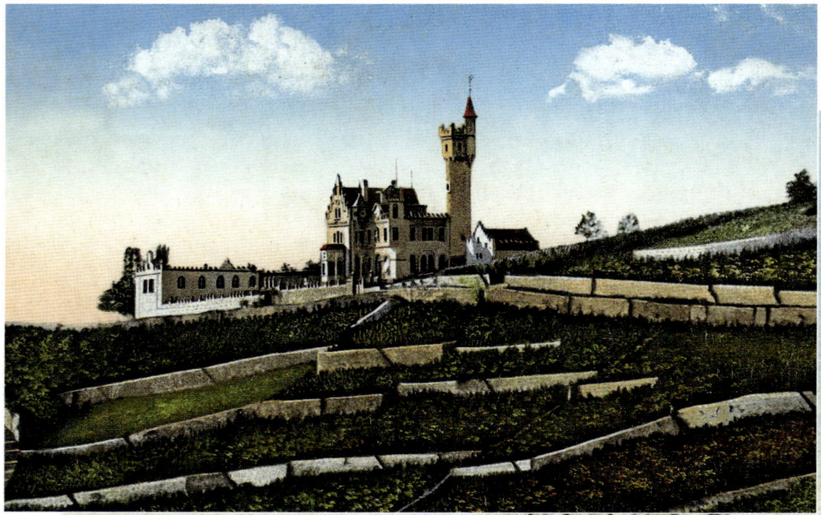

Die Steinburg, auf dem Steinberg gelegen. Der Turm wurde abgetragen.

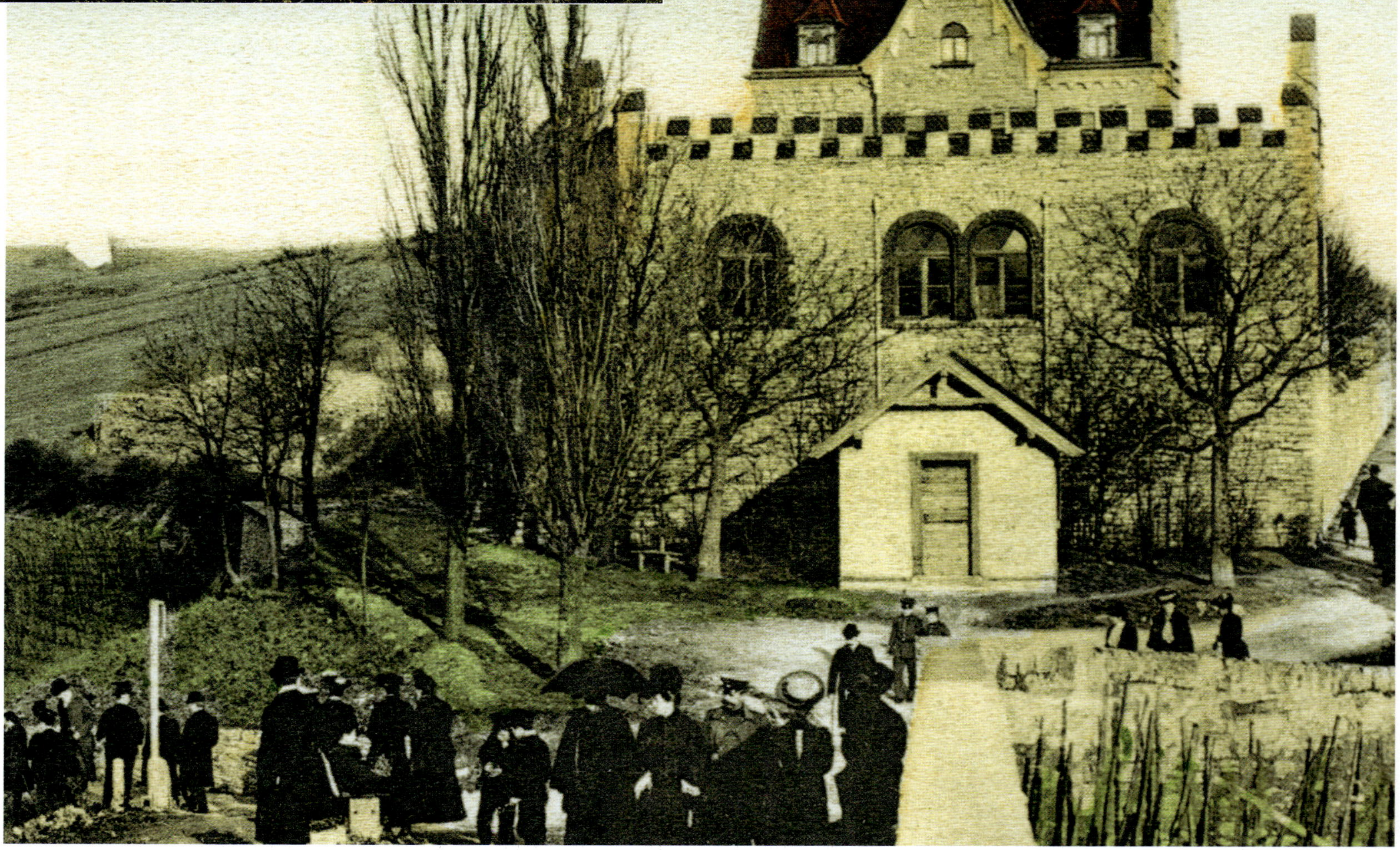

Die Steinburg, mitten in Weinbergen gelegen. Links der Abgang nach Unterdürrbach.

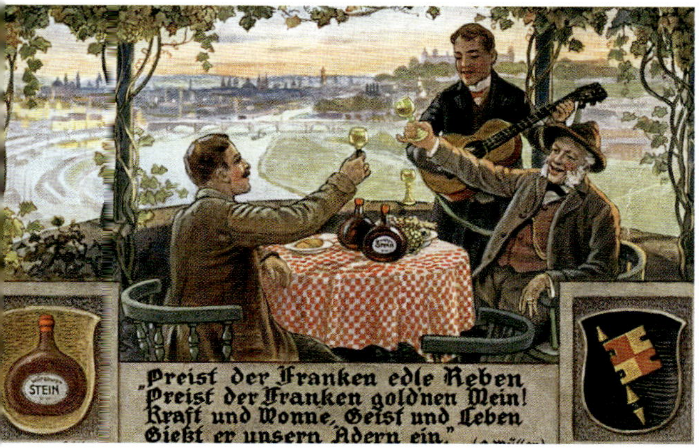

Weinfröhlichkeit auf der Terrasse der Steinburg.

Steinburg

Die Steinburg wurde 1897 nach Plänen des Architekten Pfannes an der Stelle errichtet, an der Jahrhunderte zuvor das „Castrum in Lapide", eine hohenlohische Adelsburg, stand. Das Haus wurde zunächst als Ausflugsgaststätte genutzt. Um die Jahrhundertwende wurde der königlich bayerische Hoflieferant G. W. Meuschel Besitzer. 1937 wurden der Turm und die Zinnen abgetragen und das Schloss Steinburg wieder eröffnet.
Seit 1951 wird das Schloss als Hotel genutzt und stufenweise umgebaut. Heute stehen den Gästen ein Hallenbad und 52 Gästezimmer mit allem Komfort zur Verfügung. Die Terrasse des Hauses bietet einen unvergleichlichen Panoramablick über Würzburg.

Die Steinburg – heute Schloss, im Vordergrund das Gästehaus.

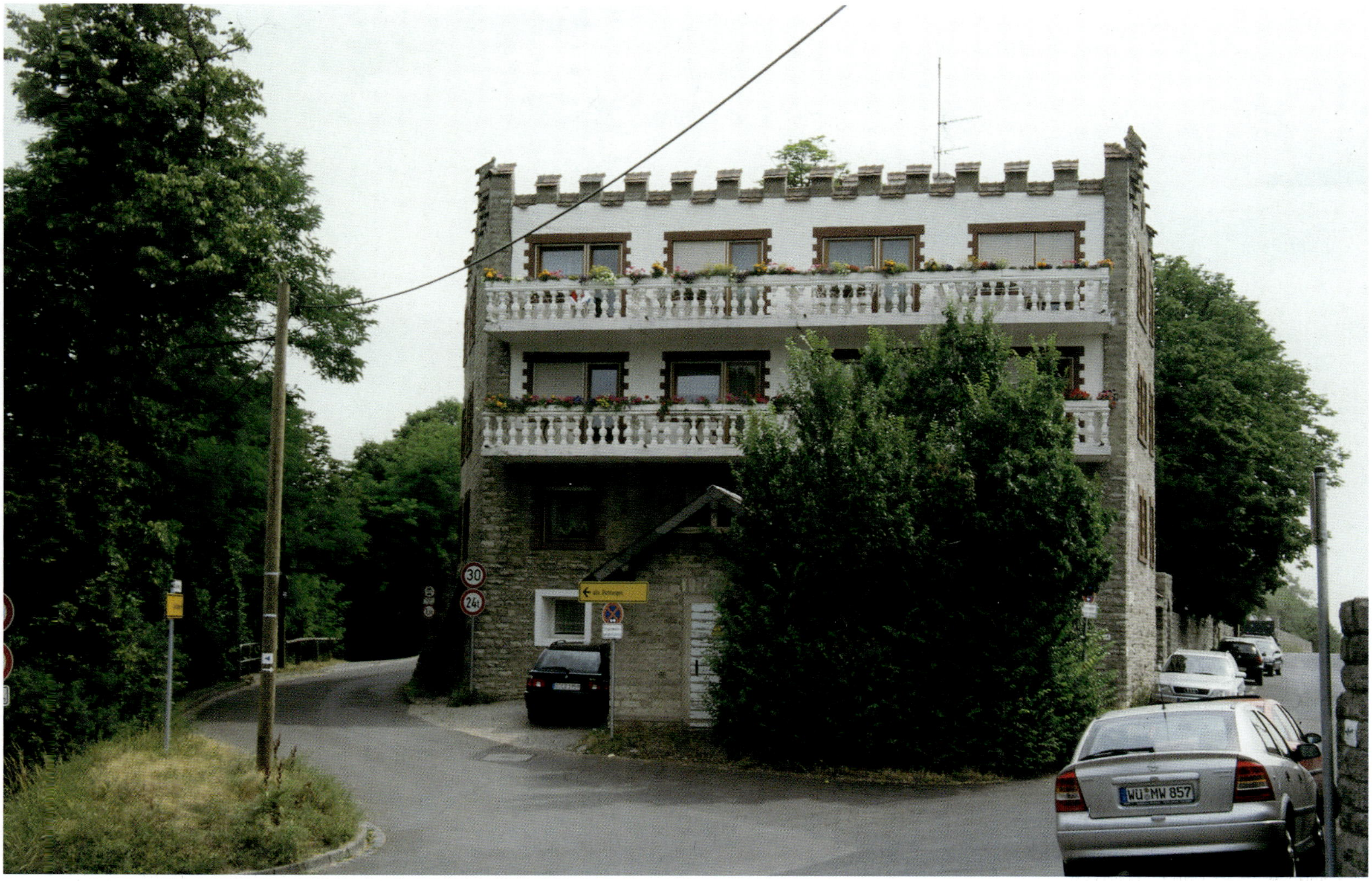

Stadtpanorama

Der Panoramarundweg am Steinberg hat eine Gesamtlänge von ca. vier Kilometern. Würzburg liegt Ihnen zu Füßen. Bei einem Spaziergang durch eine der berühmtesten Weinlagen Deutschlands können Sie die Bedeutung des Weinkulturerbes individuell erkunden.

Stadtpannorama Würzburg 2003: Im Vordergrund hinter der Bahnlinie ist der alte Hafen zu erkennen. Der weiße Turm in der Mitte ist das Heizkraftwerk. Rechts im Bild sind die Mainwiesen mit dem Kilianifest zu sehen. Auf dem Hügel rechts steht die Festung Marienberg.

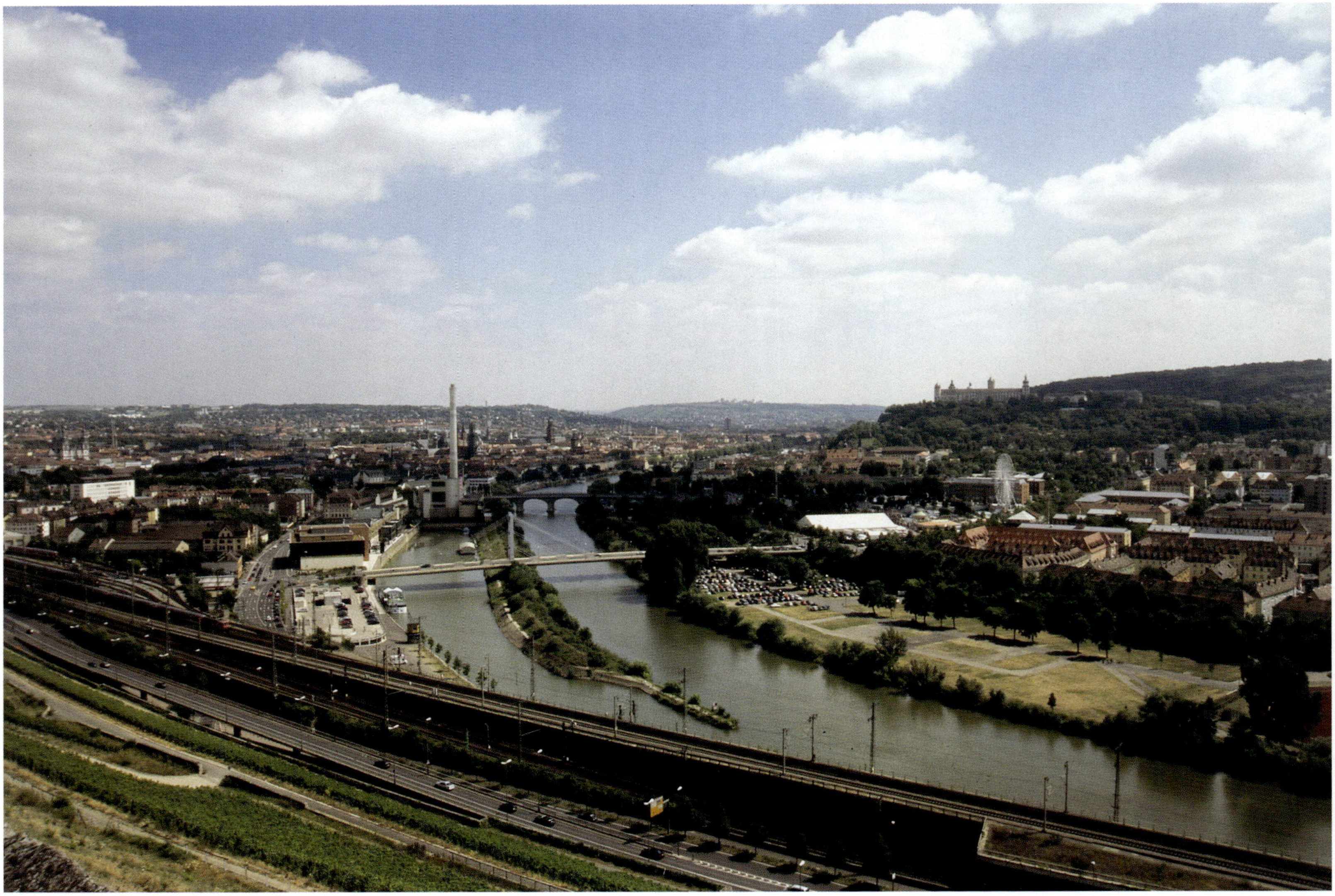

Blick auf die Stadt, aufgenommen von der Terrasse des Schlosses Steinburg.

Die Ansicht zeigt im Vordergrund die Pleich und den alten Hafen.

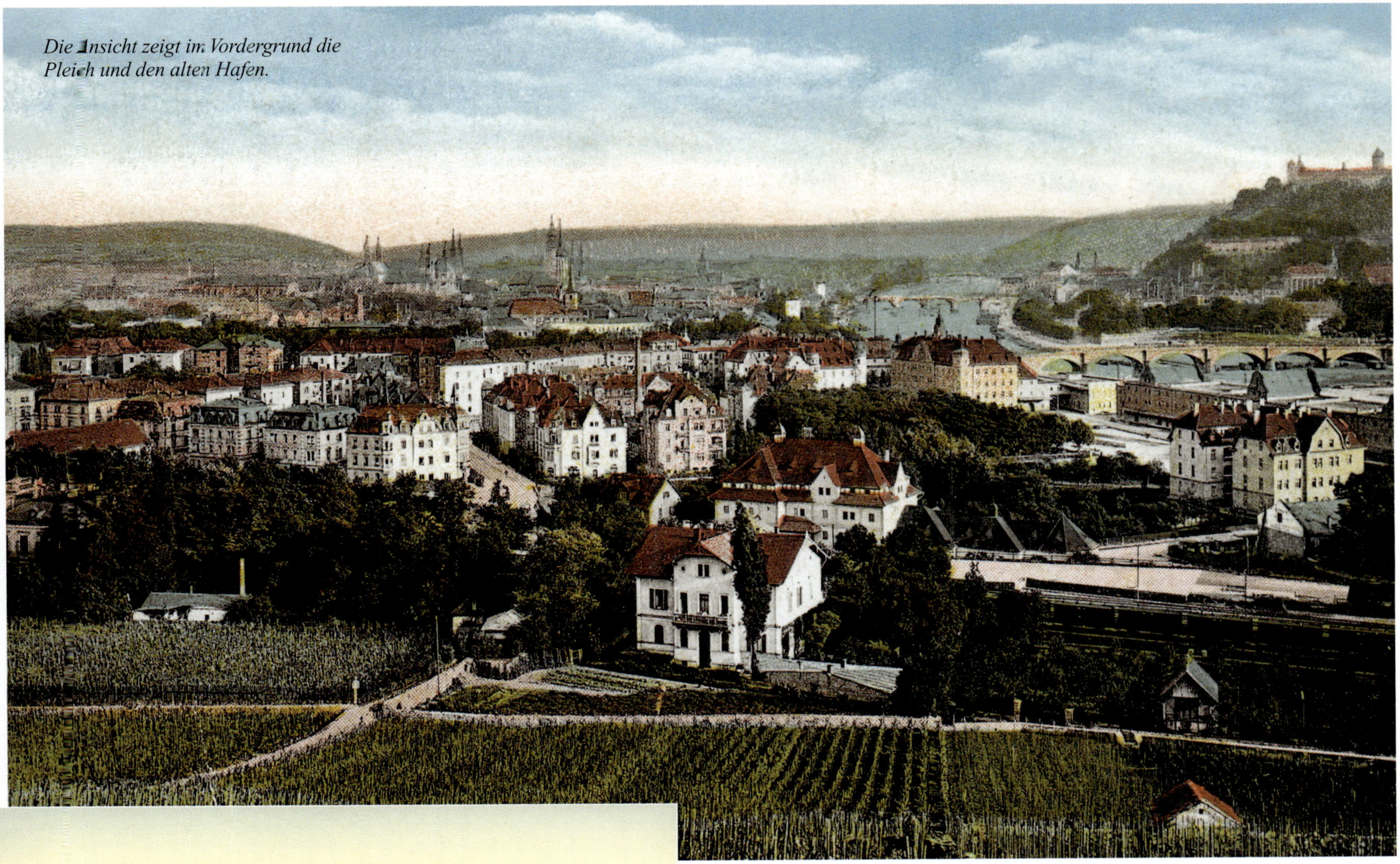

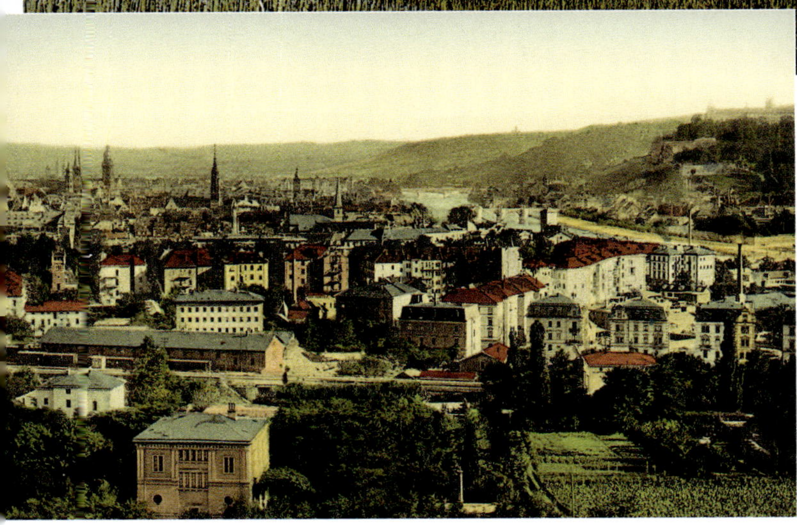

Blick auf die Stadt von einst in ihrer ganzen Schönheit.

„Freun wir uns beim Schöpple
Diesen Tag zu leben!
Zwischen Stein und Käppele
Träufeln goldene Tröppele
Duften edle Reben"

Textzeilen von einer historischen Ansichtskarte, Gedicht von Felix Dahn